KB008320

북한 인권의 이해

북한 인권의 이해

제성호 지음

백년동안

차 례

5부 북한 인권개선을 위해 우리가 할 일

6부 맺는말

오늘날 북한 정권의 인권탄압은 국제사회가 당면한 가장 심각한 인권문제의 하나이다. 북한 인권은 '보편적 가치(universal value)' 및 인류애의 발현 차원에서 더 이상 방치할 수 없는 상태에 이른 것이다. 이런 맥락에서 요즈음 국제사회가 북한 인권개선을 위해 나서는 것은 인류의 '공동체적 연대'를 말해주는 대목이라고 볼 수 있다.

　또한 헌법적 가치의 구현 차원에서도 북한 인권개선은 시급하고도 절실하다. 우리 헌법상 북한 주민은 대한민국 국민으로 간주되는 바, 국가는 이들의 인권존중 및 보장을 위한 의무를 진다. 나아가 남북통일의 과정에서 반드시 해결되어야 할 문제이기도 하다. 북한 주민의 인권보장과 정치 민주화 없이는 헌법적 명령인 자유민주통일이 불가능하기 때문이다. 지금 북녘 동포들이 겪는 아픔과 고통을 생각할 때 북한 인권문제의 제기 및 개선 노력은 전체 한민족의 복리증진에 부합하는 것이며 양심과 상식의 차원은 물론 도덕적으로도 옳은 일이다. 요컨대 북한 인권 증진은 역사적(인류보편사), 민족적, 헌법적, 도덕적 관점에서 시급하고도 절실한 사안이다.

현재 북한 주민의 인권침해는 구조적이고 그 뿌리가 깊으며 모든 부문에 영향을 미치는 전사회적 문제이다. 그러므로 북한 인권의 실태 및 현황을 정확히 인식하고 그 원인을 분석하는 일은 매우 중요한 작업이라고 하겠다. 이러한 작업이 제대로 이루어져야 올바른 대북 인권정책의 방향 설정과 실질적인 개선 전략을 강구할 수 있을 것이기 때문이다. 이 같은 문제의식 아래 북한 인권침해의 발생요인, 북한 인권에 대한 국제사회의 평가, 북한 인권문제에 대한 올바른 접근 방법과 더불어 북한 인권개선방안을 검토하기로 한다.

북한 당국은 체제유지에 부정적 영향을 미칠까 우려하여 주민의 인권개선에 적극 나서지 않고 있다. 그 결과 현재 북한 주민은 굶주리고, 법절차를 거치지 않고 강제로 끌려가며, 억울하게 매 맞고 피투성이가 되어 죽어가는 참상을 겪고 있다. 한 마디로 고유한 인격체로서 대접받지 못한 채 '인간 이하의 삶'을 살고 있는 것이 금일 북한 인권의 현실이다. 특히 김정은으로의 3대 부자세습 이후 북한 주민의 인권은 전혀 개선의 조짐을 보이지 않고 있다. 2009년 11월 실시된 화폐개혁 실패, 천안함-연평도 사건 등 연이은 대남 무력도발, 3차 북한 핵실험과 유엔 안보리의 대북 경제제재 등으로 북한 주민들의 삶이 나날이 피폐해지고 있기 때문이다. 사회주의 체제 유지에 급급한 김정은 정권은 내부 단속 및 주민통제 차원에서 인민대중의 입, 눈, 귀를 이전보다 더욱 옥죄고 있다.

　이상과 같은 열악한 북한 인권 실상을 직시한다면 인류 가족은 물론 민족 성원의 일원(一員)으로서, 그리고 통일을 이룩하겠다는 염원을 가진 대한민국 국민으로서 우리 모두가 북한 인권문제에 대해 깊은 관심을 갖고 실질적인 개선을 위해 다양한 노력을 기울이는 것이 마땅하다고 하겠다.

1부

북한 인권침해의 발생요인

북한에서 인권탄압이 상시화(常時化)되는 원인에는 여러 가지가 있으나, 여기서는 4가지로 대별해 설명하기로 한다.

첫째 원인은 주체사상과 '우리식 사회주의'의 산물인 이른바 '우리식 인권(Our own-style Human Rights)' 개념에서 찾을 수 있다. 본질상 '우리식 인권'은 ① 집단주의(전체주의) ② 사회주의 ③ 차별주의(계급투쟁) ④ 배타주의의 4가지 특징을 갖는다. 즉 '우리식 인권'은 1) 개인의 인격과 존엄성보다 집단의 이익을 앞세우는 집단주의 가치관에 기초하며, 2) '우리식 인권'은 사회주의체제 하에서만 완전히 실현될 수 있고, 3) '우리식 인권'(곧 인민대중의 이익보호)은 소수의 '계급적 원쑤'들에게 철저한 제재 혹은 독재를 가할 때만이 보장될 수 있으며,

〈표1〉 '우리식 인권'의 특징

우리식 인권의 특징	핵심내용	주요근거
집단주의	인권 보장의 대전제로 "공민의 권리와 의무는 하나는 전체를 위하여 전체는 하나를 위하여"	북한 사회주의헌법 제63조.
사회주의	인권은 온갖 착취와 억압이 청산되고 인민이 나라의 주인으로 된 사회주의 제도 하에서만 철저히 보장된다.	사회과학원, 《정치용어사전》, 사회과학출판사 (1970), 718면.
차별주의	인민대중의 인권을 침해하는 소수의 계급적 원쑤들에게는 제재를 가하는 것이 우리의 인권	《로동신문》, 1965년 6월 24일.
배타주의	제국주의자들과 반동들이 '인권옹호자'로 자처하면서 사회주의를 헐뜯고 있지만 진짜 인권유린자는 제국주의자들과 반동들입니다.	"인민대중 중심의 우리식사회주의는 필승불패이다(조선로동당 중앙위원회 책임일군들과 한 담화, 1991년 5월 5일)." 『친애하는 지도자 김정일동지의 문헌집』
	자본주의 사회에 인권이 있다면 한줌도 못 되는 특권계층이 근로대중이 피땀을 짜내어 부귀영화를 누리며 인민들을 억압하고 멸시한 권리가 있을 따름입니다	"인민정권을 더욱 강화하자 (1977년 12월 15일)" 『김일성저작선집』 32권.

설규상, 『북한 인권문제: 한국과 국제사회의 역할』, 숭실대학교 대학원 정치학 박사학위논문, 2007.2., 88면.

4) 서방의 자유민주적 인권개념은 북한을 붕괴시키려는 제국주의적·침략주의적 발상으로 받아들일 수 있다는 것이다. 따라서 '우리식 인권'은 '당과 영도자를 충성으로 받들고 모든 것을 다 바쳐 투쟁하는' 한도에서만 보장되며, 반당분자와 반국가사범에게는 인정되지 않는다.

그에 반해 국제사회에서 널리 통용되는 '보편적 인권'은 ① 개인주의 ② 자유주의 ③ 평등주의(비차별주의) ④ 만민주의(초국경주의)의 특징을 갖는다. 이러한 점에서 북한의 '우리식 인권'은 '보편적 인권'과 상용할 수 없는 것이다

둘째 원인은 군대와 총대(무력)를 중시하는 김정일의 '선군정치 노선(또는 선군혁명노선)'에 있다. 선군정치는 다음 몇 가지의 특징을 보이고 있다.

1) 선군정치는 과도한 군사비와 체제선전비에 자원을 우선적으로 투입한다. 북한은 2009년 4월 장거리 로켓 발사에 약 3억 달러를 사용하였는데, 이 돈은 2009년 국제시장 가격 기준으로 쌀 100만 톤을 사들이는 데 필요한 거액이다. 또 어려운 경제사정에도 불구하고 주체사상탑, 김일성혁명사상연구실 등 체제선전물 운영에 막대한 재원을 낭비하고 있다.

2) 선군정치는 '선군 지도자'의 안녕과 보위에 관심을 기울인다. 경제난 속에서도 개인 경호와 건강 유지, 취미활동과 개인별장 관리, 사치품과 고급요리 재료 구매에 쓰이는 경비는 줄어들 줄 모르고 있다. 또 매년 김정일 생일잔치에 엄청난 돈을 퍼붓는 '과시행정'이 계속되었다. 반면 고통받는 주민들의 삶을 보듬는 데 전력을 기울이지 않는다. 최근 북한 주민 2,000만 명이 지하경제에 의존하며

살고 있다는 소식이 전해지고 있다. 언론보도에 따르면 현재 우리 정부는 "북한 인구 2,400만 명 중에서 평양 주민 등 약 400만 명은 중앙 정부의 배급으로 살지만, 그렇지 않은 2,000만 명은 대부분 지하시장 경제에 의존해 살고 있는 것"으로 추정하고 있다고 한다(『조선일보』, 2011년 2월 8일자). 이러한 사실은 북한 당국이 '인민경제생활 향상'에 책임을 다하지 못하고 있음을 말해준다. 그럼에도 북한은 근본적인 개혁-개방을 거부하고 있는바, 이는 민초들의 생활수준 개선, 복리 증진 등 정권의 기본 소임을 다하려는 의지와 능력이 있는지 의심케 하는 것이다.

  3) 선군정치는 군사독재에 의한 인권탄압, 공포심을 통해 주민들을 옭아매는 공포정치를 실시한다. 그 수단으로서는 후술하는 정치범수용소, 비밀경찰과 감시조직 및 각종의 주민통제장치들이 동원된다. 지금 북한 주민에게 가장 절실한 것은 '하고 싶은 말을 마음대로 하고, 가고 싶은 곳을 자유롭게 가는 것'이다. 하지만 김정은 후계 체제 구축 과정에서 사상통제와 주민감시를 더욱 강화해 온 것이 북한의 현실이다. 2009년 11월 30일 북한이 전격적으로 단행한 화폐개혁의 실패 후 주민들의 반발을 억누르기 위해 공개처형을 확대했던 것으로 알려지고 있다.

  4) 선군정치는 핵과 미사일 등 이른바 '자위적 억제력'을 강조하

며 군사적 대결을 불사한다. 천안함 사건(2010.3.26)과 연평도 포격(2010.11.23)도 선군정치에 바탕을 둔 대남압박전술의 일환이었다. 이는 한반도 긴장을 고조시켜 체제 결속을 도모하고 각종 인권침해에 대한 주민불만을 무마하기 위한 책략으로 작동하기도 한다.

이렇게 볼 때 북한이 2009년 4월 개정한 사회주의헌법에서 '선군'과 함께 그와 양립하기 어려운 '인권' 존중을 명시한 것은 허구라고 보아야 한다. 북한 당국이 체제수호라는 최우선의 과제 달성을 위해 '우리식 사회주의'를 강조하면서 이 과정에서 주민에 대한 통제를 강화할 경우 단시일 내에 북한 인권개선이 실현될 것을 기대하기 어렵다고 하겠다.

셋째 원인은 북한이 주민 통제 차원에서 정치사찰-주민사찰을 일상적으로 실시하는 경찰국가라는 특성에서 찾을 수 있다. 북한은 정치사찰을 위해 국가안전보위부, 인민보안부, 노동당의 하부조직(도-시-군당위원회와 최일선 조직인 당세포조직)과 당 외곽조직, 그리고 '사회주의법무생활지도위원회'를 활용하고 있다. 그 밖에도 직장별-세대별로 주 1회 정도의 생활총화를 통해 개개인의 생활에 대한 사상적 검토를 실시하며, 주민들의 경우 자기가 속한 인민반에 의해서도 일상생활을 통제-감시받도록 하고 있다. 인민반은 통상 20~40세대 단위로 조직되고 인민반장, 세대주반장, 위생반장, 선동원(인민반 당 분조장

겸임) 등이 주민들의 일상생활에 대해 감시-감독 역할을 한다. 이 같이 비밀경찰 등에 의한 주민통제장치와 전사회적 주민감시체제가 북한 주민의 인권을 침해하고 제약하는 구조로 기능하고 있다고 할 수 있다.

마지막 원인으로는 북한이 '성분'을 중시하며 계급적 차별이 상존하는 사회라는 점을 들 수 있다. 북한에서 성분구별정책 내지 계층분류는 개인의 정치적-사회적 지위는 물론, 교육-직업-결혼 등 거의 모든 일상생활에 중대한 영향을 미치고 있다. 특히 의류 및 식료품 배급은 철저하게 계층에 따라 차별적으로 이루어지고 있다. 요컨대 사회적 차원에서 제도화-구조화되어 있는 계급과 성분에 따른 차별이 상시적인 인권침해의 주된 원인이라고 할 수 있다.

2부

북한 인권에 대한 국제사회의 평가

1장
북한 인권 실태 개관

정치범수용소, 강제실종(enforced disappearance), 자의적 구금, 공개처형, 탈북자 강제송환 및 가혹한 처벌, 언론-표현의 자유 침해, 만성적 식량난 등은 작금 북한의 인권 상황을 규정하는 대표적인 용어들이다. 즉, 북한 주민들은 굶주리고, 정식의 법절차를 거치지 않고 강제로 끌려가며, 억울하게 매 맞고 피투성이가 돼 죽어가는 참상을 겪고 있다. 주민들은 항상 이중삼중의 조직적인 감시체제 하에 놓여 있어 자유롭게 말할 수도 없다. 공식적으로 국외여행의 자유가 인정되지 않기 때문에 식량난-경제난에서 벗어나기 위한, 이른바 생존을 위한 탈출은 불가피하다. 탈북은 조국반역행위로 간주돼 정치범수용소로 끌려가거나 중형에 처해진다. 따라서 '도망칠 권리'는 아예 생각할 수조차 없다. 특히 북한 당국이 운영하는 정치범수용소는 열악한 북한 인권 상황의 종합 세트장이라고 할 수 있다.

한 마디로 고유한 인격체로서 대접받지 못한 채 '인간 이하의 삶'을 살고 있는 것이 금일 북한 인권의 현실이다. 특히 2009년 11월 30일 실시된 화폐개혁의 실패와 김정은으로의 3대 부자세습으로 북한 주민들의 삶은 더욱 피폐해지고 있다. 정권이 내부 단속 및 주민통제 차원에서 인민대중의 입, 눈, 귀를 이전보다 더욱 옥죄고 있기 때문이다. 북한 주민에 대한 인권침해는 유일사상(주체사상)체계, 수령영도체제, 선군독재체제, 부자세습체제, 우상화체제, 군사독재체제, 철저한 계급사회 등에 기인하는 것으로, '구조적-체계적-조직적'이고, '전사회 부문에 걸친 광범위한 것이며', 장기적-고질적인 성격을 띠고 있다.

이 같은 북한 인권 상황은 현재 '비인간-반문명'의 극치로서 국제사회에서 가장 심각하고 열악한 것으로 간주되고 있다. 2005년 이후 2014년까지 유엔총회는 10년 연속 북한 인권결의를 채택하였다. 2014년 12월 제69차 유엔총회에서 채택된 북한 인권결의는 북한에서 자행되고 있는 고문, 여타 비인간적인 처벌, 공개처형, 사법절차 없는 억류 등을 비난하면서 북한 인권개선을 촉구하는 내용을 골자로 하고 있다. 또한 동 결의는 정치적 또는 종교적인 이유로 북한 당국이 사형제도(공개처형)를 이용하고 있는 점과 구조적으로 광범위하게 이뤄지는 중대한 인권침해에 대해서 깊은 우려를 표명하는 한편, 북한 정권에 대해 인권을 존중하고 유엔 북한 인권특별보고관의 자유로운 접근을 허용해 줄 것을 요청하였다.

이어 2014년 3월 28일 유럽연합, 미국, 일본 등이 공동제안한 북한 인권결의안이 제25차 유엔인권이사회(United Nations Human Rights Council: UNHRC) 본회의를 통과했다. 이 결의에서는 유엔 북한 인권조사위원회(Commission of Inquiry: COI) 보고서의 사실 확인 결론 및 권고사항을 추인하는 한편, 향후 북한 인권 가해자들의 책임성(accountability) 확보를 위한 조사활동을 위해 현장사무소의 설치를 명시하고 있다(UN Doc. A/HRC/Res/25/25, 28 March 2014). 유엔의 인권전담기구인 인권이사회의 대북 인권결의안 채택은 그 전신인 인권위원회(United Nations Commission on Human Rights: UNCHR) 시절(2003~2005년)을 포함하면 동 결의가 열 번째에 해당된다.

위에서 본 바와 같이 유엔총회와 유엔인권이사회에서 연속해서 북한 인권결의가 채택되는 것은 첫째, 북한 주민의 인권상황이 '세계 최악'으로 개선이 시급하다는 것, 둘째, 국제사회가 북한 인권의 심각성(또한 증진 노력의 당위성—필요성)을 깨닫고 나름대로 노력하고 있다는 것, 셋째, 하지만 북한이 마이동풍(馬耳東風)의 자세로 국제사회의 요구를 계속 무시하고 있다는 것을 말해준다.

국제적으로 저명한 인권단체인 프리덤하우스(Freedom House)가 2014년 1월 23일 발표한 「2014 세계의 자유(Freedom in the World 2014)」 보고서에서 북한은 세계 최악의 인권탄압국으로 선정됐다. '정치적 권리'와 '시민의 자유'에서 각각 최하점인 7점을 받아 '최악 중 최악(the Worst of the Worst)'인 10개국 중 하나로 꼽힌 것이다. 프리덤하우스는 북한을 '정치적 권리'와 '시민적 자유' 부문에서 42년 연속 최하위 등급(7등급)으로 평가했다. 이와 유사한 평가는 국제사면위원회(Amnesty International: AI)나 휴먼라이트워치(Human Rights Watch: HRW) 등 공신력 있는 국제인권단체의 북한 인권 보고서에서도 확인되고 있다.

2장
유엔 북한 인권
COI 보고서의 평가

주요 사실 확인, 결론 및 권고사항

2014년 3월 공식적으로 발표된 북한 인권 COI 보고서는 지난 1년 간(2013.3~2014.2)에 걸쳐 진행하여 온 북한 인권 실태조사에 의거해 북한 인권침해에 대한 전반적인 사실 확인(fact-finding)을 하고 몇 가지 결론(conclusions)을 내리고 있다. 그 내용은 포괄적이면서도 상세한데, 대략 다음과 같이 요약된다.

북한 내에서 조직적이고(systematic) 광범위하며(widespread) 중대한 (grave) 인권침해가 발생하였으며 현재도 발생하고 있다. 이와 관련해 최고 지도자(Supreme Leader)를 정점으로 조선노동당 및 국방위원회,

그리고 이들의 통제를 받는 국가보위부, 인민보안부, 인민무력부, 검찰 및 사법부 등의 관료들이 주요 가해자이다.

COI 보고서에서는 북한 인권 COI 설립 시 조사대상으로 설정된 9가지의 북한 인권침해 사안을 6가지 사안으로 재분류하여 그 침해 사실을 적시하고 있다. 그 개략적인 내용은 아래와 같다.

첫째, 사상, 양심 및 종교의 자유는 물론 의견, 표현, 정보 및 결사의 자유가 사실상 존재하지 않는다.

둘째, 국가에서 분류한 성분(토대)에 근거한 '차별'이 사회 전 분야에 만연해 있다.

셋째, 해외 출국은 물론 국내에서의 이동의 자유 및 거주의 자유가 인정되고 있지 않다.

넷째, 북한 주민의 식량권이 차별에 기반한 정부 배급정책 등에 의해 중대하게 침해되고 있다. 특히 1990년대 대기근 시기에는 생명권 침해로 연결되기도 하였다.

다섯째, 자의적 구금, 고문, 처형 등의 인권침해가 특히 정치범수용소 및 기타 다양한 구금시설에서 광범위하게 발생하고 있다.

여섯째, 한국전쟁 당시 전시 납북자가 발생한 것은 물론, 전쟁 후에도 한국 및 일본 등으로부터 납치된 사람들이 존재하고 있다.

이 중에서도 정치범 수용소 수감자, 종교인-반체제인사, 탈북을 기도한 사람을 대상으로 한 인권침해, 주민을 기아상태에 몰아넣고 외국인을 납치한 것은 국가정책에 따라 자행된 국제범죄, 즉 체제유지-지도층 보호를 위한 정치적 목적에 따라 조직적으로 행해진 '인도에 반한 범죄(crimes against humanity, 반인도범죄)'에 해당한다. 북한 정권의 인권침해는 수령독재체제라는 북한 정치체제의 속성에 기인한다.

북한의 현상은 국제사회의 대응의 부적절함을 의미한다. 북한 당국의 주민보호 실패로 인해 국제사회 전체는 반인도범죄로부터 북한 주민들을 보호해야 할 일반적인 의무인 '보호책임(Responsibility to Protect: R2P)'을 부담한다. 여기서 보호책임이라 함은 자국민 보호의 1차적 책임이 본국에 있지만, 당해 국가가 이 책임을 이행하지 못하는 경우에는 2차적-잔존적-보충적 보호책임이 국제공동체에 귀속된다는 것을 말한다.

이에 국제사회는 인권침해 책임자 처벌 등 책임보장(accountability) 조치를 포함해서 북한 인권개선을 위한 다각적인 방안을 강구해야 한다. 곧 1) 반인도범죄 등 인권침해에 대한 국가보위부, 수령 등 국가기관의 책임을 묻고, 2) 인권을 개선하기 위한 근본적인 변혁과 더불어 3) 수령을 포함한 개인의 형사책임 추궁이 필요하다.

유엔은 북한에서 반인도범죄를 저지른 주요 가해자들에게 책임을 엄중히 물을 수 있도록 해야 한다. 이 목적을 달성하기 위한 방법으로 유엔 안전보장이사회가 북한의 상황을 국제형사재판소 (International Criminal Court: ICC)에 회부하는 방안과 유엔이 특별재판소를 설립하는 방안 등이 있다. 책임을 규명하는 신속한 조치와 함께 북한과 인권에 대한 대화를 강화해야 하고, 시민 간 교류를 통해 더 많은 변화를 모색해야 하며, 남북한 화해 의제가 수립되어야 한다.

행위주체별 권고사항

북한 인권 COI가 행위주체별 내지 대상별로 권고한 사항은 아래와 같다.

① 북한

COI 보고서는 북한에 대해 다음과 같은 조치를 취할 것을 권고하고 있다.

- 적절한 국제 전문가들의 지원을 통해 권력의 통제와 균형 및 법의 지배를 이루기 위한 근본적인 체제개혁 단행
- 정치범수용소의 즉각적인 철폐와 국제사회의 인권 및 인도지원 모니터링 실시

- 자유권 규약을 포함한 국제법에 합치하는 방식의 형법 및 형사소송법 개정을 통해 고문, 연좌제, 강제이동 등의 즉각적인 중단
- 종교의 자유, 표현의 자유, 정보의 자유, 식량권과 경제적 자유 등의 허용, 사형제 폐지, 성분에 따른 차별 철폐
- 식량 부족 시 국제지원단체에 대한 즉각적인 지원 요청, 모니터링 목적을 포함한 국제인도지원단체들의 북한 주민에 대한 접근권 보장
- 이동의 자유 보장과 월경자들의 살해를 포함한 탄압의 중지, 이산가족들의 재회, 교통, 통신 및 결합 보장
- 반인도범죄와 인권침해자들에 대한 기소와 처벌
- 강제실종협약, 장애인권리협약, 국제노동기구 관련 기본적 협약들, ICC규정 등의 가입 또는 비준
- 이동과 접촉에 대한 형사처벌 등 민간 접촉을 가로막는 장애요인 제거

② 중국 및 관련국

COI 보고서는 중국과 기타 국가들에 대해 다음과 같은 조치를 취할 것을 권고하고 있다.

- 탈북자의 강제송환 중지 및 송환금지 원칙 준수, 탈북자 보호 희망국에 대한 자유로운 접근 허용

- 유엔난민최고대표사무소를 포함한 국제기구의 자유로운 접근 보장
- 인신매매에 대하여 피해자 중심 및 인권 중심 접근을 통해 체류 허용, 법적 보호 및 자국민과 동등한 사회적 서비스 제공
- 중국인과 결혼하거나 자녀를 가진 탈북자의 신분 합법화, 그 자녀에 대한 합법적인 출생등록 허용 및 중국 국적 부여
- 중국 내 북한 당국의 납치행위 방지 및 관련 책임자 처벌, 북한에 대한 범죄인 인도 요청
- 북한 최고지도자 및 고위당국자들에 대해 중국 내에서 발생한 납치, 중국 국적 아동살해 및 강제낙태 등의 이슈 제기

③ 대한민국

COI 보고서는 한국에 대해 화해를 향한 단계별 남북대화 활성화 조치를 취할 것을 권고하였다. 여기서 남북대화 활성화 조치는 스포츠 경기, 학술−재계 교류, 북한 청년들을 위한 장학 및 직업 연수 사업, 학생 간 교류, 적십자 등 민간단체 간의 교류, 전문가 및 여성 단체 등의 교류, '자매도시' 관계 수립, 교통 및 통신망 재건 등을 포함한다.

④ 국제사회와 유엔

이 밖에도 COI 보고서는 유엔 등 국제사회에 대해 책임규명 외에도

다음과 같이 광범위한 권고를 제시하고 있다.

- 안전보장이사회(이하 안보리로 약함): ICC에 북한 인권문제를 회부할 것과 반인도범죄 책임자들에 대한 표적 제재 실시. 그러나 북한 주민 전체에 대한 안보리의 제재나 양자관계 차원의 제재는 반대

- 총회와 인권이사회: 북한 인권 보고(사무총장과 유엔인권최고대표의 정기보고) 감시 및 북한 인권특별보고관의 임무기한 연장

- 인권이사회는 보고서의 결론과 권고가 국제사회의 적극적인 관심에서 벗어나지 않도록 하여야 하며, 요구되는 행동들은 국제사회 전체의 공동책임

- 유엔인권최고대표(UNHCHR): 북한 내 인권침해, 특히 반인도범죄와 관련하여 책임 추궁을 담보하기 위한 체계를 수립. 이러한 체계는 COI가 수집한 증거와 서류작업을 기반으로 데이터베이스 확대 추진

- 유엔 사무국과 관련 기관: 북한과의 모든 관련 활동에 있어 인권의 고려가 담보될 수 있도록 공통의 '인권우선전략(Rights up Front)' 채택–이행. 유엔은 북한 내 반인도범죄의 재발 및 지속을 방지하기 위하여 즉각 이 전략을 적용

- 6자회담 당사국, 이해관계국, 주요 대북 지원국들과 잠재적 지원국: 북한 인권상황에 대한 우려를 다루고 인권개선 노력들을 지원하기

〈표2〉 유엔 북한 인권조사위원회 보고서의 주요내용

구분	주요내용
결론	• 북한에서 발생한 광범위한 인권침해는 국가정책에 따라 자행된 반인도범죄 • 북한 인권개선을 위해 북한 최고지도자(수령)를 포함한 개인의 형사책임 추궁 필요 • 국제사회는 북한 주민을 범죄로부터 보호할 책임(R2P) 부담
권고	• 유엔 안보리: 북한 상황을 국제형사재판소에 회부하고, 반인도범죄 책임자 제재 실시 • 각종 유엔인권기구: 북한 인권 모니터링 보고체제를 유지·강화 • 유엔인권최고대표사무소(OHCHR): COI 후속조치 담당조직(현장기반조직) 설치 • 북한: 사법부 개혁, 정치범수용소 폐쇄, 형법 등 개정, 사형제 폐지, 납북자 및 이산가족 문제 해결, 북한 내 OHCHR 지역사무소 설치 • 중국: 강제송환금지 원칙 준수 및 탈북자 보호 • 기타: 북한 주민과의 대화·접촉·교류 강화, 북한 인권개선을 위한 비정부단체(NGO) 활동 지원

위한 '인권접촉그룹(human rights contact group)' 결성

• 일반 국가들: 식량 등 인도적 지원을 정치적 – 경제적 압력 수단으로 사용 불가, 인도적 지원은 비차별원칙 등 인도 – 인권 원칙들에 맞게 제공, 다자적 및 양자적 지원자들은 적절한 인도적 접근 및 감독을 위해 협력

북한 인권 COI 보고서의 주요특징

북한 인권 COI 보고서에서 나타나는 주요특징으로는 ① 반인도범죄성 인정, ② 최고지도자 책임 강조, ③ 국제적 보호책임 필요, ④ ICC 등 국제형사사법절차 회부 권고의 4가지를 들 수 있다. 다음에서는 이에 관하여 간단히 살펴보기로 한다.

(1) 반인도범죄성 인정

유엔 인권이사회 결의 22/13호에 따라 북한 인권 COI의 기본 임무 중 하나는 북한 내의 각종 인권침해가 반인도범죄를 구성하는지 여부를 조사-규명함으로써 국제범죄 사안에 대해 충분한 책임(full accountability)을 묻도록 하는 것이다. 물론 북한 인권 COI는 사법기관도 검찰도 아니다. 그러므로 개인의 형사책임에 대한 최종 판단을 내릴 수는 없다. 하지만 COI는 자신의 조사 결과가 권한 있는 국내-국제 사법기관이 범죄 수사에 착수할 수 있을 만큼의 반인도범죄가 저질러졌다는 합리적인 근거를 구성하는지 여부에 대해서는 판단할 수 있다.

이러한 입장에서 북한 인권 COI는 형사사법절차상 적용되는 '합리적인 의심의 수준을 넘어서는(beyond reasonable doubt)' 정도의 매우 엄격한 입증기준(standard of proof)을 요구하지 않고, 난민지위 인정 시 적용되는 것과 유사한 '합리적인 근거(reasonable grounds)'라는 다소 완화된 입증기준을 설정하여 판단하였다. 즉 북한 인권 COI는 합리적이고 통상적인 기준의 사리분별이 가능한 사람이라면 어떤 사건이나 일련의 행위가 일어났다고 믿을 만큼 다른 자료와 일치하고 신빙성 있는 정보를 확보했다는 확신이 섰을 때 그러한 사건이나 행위가 일어났다는 합리적인 근거가 있다는 결론을 내렸다. 이는 추후 국내적 내지 국제적 사법기관에서 정식 재판을 위한 수사를 개시하는 데 합리적 근거를 제공한다는 의미가 있다. 더불어 강제수사가 불가능한 북한 인권 COI 활동의 한계를 고려한 것으로 볼 수 있다.

이 같은 기준 하에서 수집된 모든 증언과 정보를 분석한 북한 인권 COI는 북한 내에서 국가 최고위급에서 수립한 정책에 근거한 반인도범죄가 자행되고 있다고 결론을 내렸다.

첫째, 정치범수용소 및 기타 구금시설 수용자, 탈북자, 종교인 등에 대해 가해지는 체계적이고 광범위한 공격(systematic and widespread attack)이 ICC규정(로마규정) 제7조 상의 반인도범죄에 해당한다. 구체적으로 구금(imprisonment), 강제실종(enforced disappearance), 절멸(extermination), 살해(murder), 노예화(enslavement), 고문(torture) 및 기타 비인도적 행위, 강간(rape) 및 기타 성폭력, 박해(persecution), 강제이주 (forcible transfer) 등에 해당한다.

둘째, 체제유지만을 위해 일반 주민들의 기아(starvation) 상태를 적극적으로 타개하지 않고 오히려 비정상적 국가예산 분배 및 차별적 배급, 국제원조 제한 등으로 많은 희생자를 낳게 한 것은 일반 주민에 대한 체계적이고 광범위한 공격으로서 절멸 및 살해에 해당한다.

셋째, 외국인의 납치 및 강제실종이 체계적이고 광범위하게 발생했으며, 이는 반인도범죄를 구성한다.

이 중 정치범수용소 운용과 외국인 납치와 관련된 사항은 자유권 침해에 관한 것이다. 반면 1990년대 중반 이후 대규모 아사 발생을 반인도범죄로 판단한 것은 북한 인권 COI가 전통적인 자유권적 문제뿐만 아니라 식량권 등 사회권적 인권침해도 매우 심각하게 보고 있음을 말해주는 대목이라고 할 것이다.

(2) 최고지도자 책임 강조

북한 인권 COI는 구체적인 처벌 대상을 별도로 나열하지는 않았지만 조선노동당 및 국방위원회, 그리고 이들의 통제를 받는 국가보위부, 인민보안부, 인민무력부, 검찰 및 사법부 등의 '기관 책임

(institutional responsibility)'을 명시함으로써 이들 기관의 고위관료들이 처벌받을 수 있음을 시사하였다. 마이클 커비 위원장은 2월 17일 제네바 유엔본부 기자회견에서 이들이 수백 명에 달할 수도 있음을 지적한 바 있다.

또한 같은 맥락에서 권력의 정점에 있는 최고 지도자(Supreme Leader), 즉 김일성, 김정일, 김정은의 '개인 책임(individual responsibility)'도 시사하였다. 마이클 커비 위원장은 최고 지도자인 김정은에 대해 북한에 보낸 2014년 1월 20일자 서신을 통해 직접적으로 국제범죄에 관련되지 않았다 하더라도 이에 대해 필요한 사전예방 및 적절한 사후조치를 취하지 않았다면, 북한 국내정치구조를 고려할 때 국제형사법상 명령지휘 책임원칙이 적용되어 형사처벌을 받을 수 있음을 경고하였다. 이 같은 발언은 ICC규정에 명시된 상급자 책임(superior responsibility) 내지 지휘 책임(command responsibility)을 북한 인권 분야에 도입-인정한 것으로 볼 수 있다.

한편 금번 COI 활동 중 확보된 가해자(특히 북한 정권 지도부) 명단은 실명으로 공개되지 않았으며, 비공개로 기록 및 보존되어 있는 것으로 알려지고 있다. 자료에 대한 접근은 증언자나 정보제공자가 동의하고 자료의 보호 및 운영상의 우려사항이 적절히 고려된 경우에 한하여 이루어진다.

(3) 국제적 보호책임 필요

북한 인권 COI 보고서는 국제사회의 R2P를 강조하고 있다. 이 R2P
는 대규모 인권침해사태에 대응하기 위한 방책으로 최근 국제사회
에서 새로이 안출한 개념으로서 인도적 간섭을 새로운 각도에서 재
해석−재구성함으로써 인도적 간섭의 한계를 극복하기 위한 법리라
고 볼 수 있다. R2P 개념은 "주권은 책임을 수반한다."는 사고에 터
잡고 있다.

R2P는 책임의 이행단계를 예방책임(responsibility to prevent), 대응책
임(responsibility to react), 재건책임(responsibility to rebuild)의 3단계로 설정
한다. 대응책임 단계에서 문제되는 군사적 개입과 관련하여 ICISS
는 국제사회의 평화와 안전에 일차적 책임을 지고 있는 유엔 안보리
에 주도적 역할을 부여하고 있다.

다른 한편, R2P는 크게 3개의 기둥(pillar) 체제로 구성되는 것으로
설명되기도 한다. 제1기둥은 개별 국가가 자신의 주민들을 4개의 핵
심 범죄, 곧 반인도범죄, 집단학살(genocide), 전쟁범죄(war crimes), 인종
청소(ethnic cleansing)로부터 보호할 1차적 책임을 말한다. 제2기둥은
국제사회가 개별 국가의 1차적 책임 이행, 특히 예방 및 역량 강화와
관련하여 적절히 지원할 책임을 말한다. 제3기둥은 국제사회가 '시

의적절하고 단호한 대응(timely and decisive response)'을 취할 책임을 규정하고 있다. 먼저 평화적 수단을 강구하되, 이러한 평화적 수단이 부적절하고 개별 국가가 자신의 1차적 책임 이행에 명백히 실패하고 있을(manifestly failing) 경우 국제사회가 유엔 헌장 제7장 상의 조치를 포함하여 안보리를 통한 집단적 대응도 할 수 있다는 원칙을 말한다.

유엔 북한 인권 COI의 설립과 기타 국제사회의 북한과의 다양한 협력 및 지원은 기본적으로 R2P의 제2기둥에 해당한다고 볼 수 있다. 반면 이번 보고서에서 강조한 ICC에의 회부 및 기타 안보리를 통한 강제제제 조치의 부과는 R2P의 제3기둥에 해당하는 국제사회 차원의 더욱 강력한 조치를 포함한 내용이라 할 수 있다.

(4) 국제형사재판소 등 국제형사사법절차 회부 권고

북한 인권 COI는 유엔 안보리가 북한 상황을 ICC에 회부할 것을 권고하였다. 이는 북한 인권개선을 위해서는 북한 인권침해의 가해자에 대한 국제형사법적 단죄가 반드시 필요하다는 법인식을 반영한 것으로 분석된다.

ICC의 경우 관련국(범죄발생지국 내지 범죄혐의자 국적국)이 ICC규정의 당사국이 아닐 경우 수단 다르푸르 사태나 리비아 사태 등에서와 같이 유엔 안전보장이사회가 자신의 결의 채택을 통해 ICC에 관련 사건을 회부해야 비로소 관할권이 성립한다. 즉 최근에 대량 인권침해 사태가 발생한 대다수의 국가들이 ICC규정의 당사국이 아니었던 점을 감안하면 유엔 안보리의 역할이 절대적이다. 북한은 ICC규정 당사국이 아니므로 이상과 같은 논리가 동일하게 적용된다.

북한 인권 COI는 ICC와 함께 구유고 및 르완다 사례와 같은 임시(ad hoc) 내지 특별 국제재판소의 설립도 검토하였다. 임시 재판소를 설립하기 위해서도 유엔 안보리 또는 총회의 결의 채택 등 상당한 시간과 각별한 외교적 노력이 필요하다. 특히 관련국의 동의가 필요 없는 강제조치(enforcement measure)로서 국제재판소를 설립하려면 안보리의 협조가 절대적이다.

3부

북한 인권문제의
4가지 차원

북한 인권문제는 성질상 4가지 측면을 내포하고 있다. 이에 대한 종합적이고 균형감 있는 시각을 갖는 게 필요하다.

첫째, 북한 인권문제는 (국제사회가 당면한) 심각한 '인권문제' 중 가장 중요한 일부이다. 예컨대 2012년 12월 유엔총회는 이란, 미얀마, 북한 등 3개국의 인권결의를 채택했다. 이런 사실만 봐도 북한 인권 상황이 세계 최악의 수준에 있음을 알 수 있다.

인권은 체제와 이념, 성별과 국경을 떠나서 모든 사람에게 인정되는 가치이자 권리이다. 말하자면 보편적 가치(universal value)의 문제인 것이다. 인간으로 대접받지 못한 채 '매 맞고, 끌려가며, 피 흘리고, 굶어 죽어가는' 북한 주민들의 비인간적인 삶을 같이 아파하고 그 개선을 위해 노력하는 것은 세계시민의 한 사람으로 마땅히 감당해야 할 도리요 의무라 할 수 있다. 그러기에 세계 최악의 북한 인권에 침묵하는 것은 정당화될 수 없다.

둘째, 북한 인권문제는 '북한문제'의 중요한 일부이다. 북한문제에는 인권문제 외에도 핵문제, 경제난, 식량난과 인도적 지원, 외교적 고립의 타개(특히 대미-일 관계 개선), 권력승계(후계체제 안정) 등이 있다. 하지만 이 모든 문제들은 강고한 수령독재체제와 비효율적인 사회주의 계획경제체제에서 비롯되는 것이다. 즉 독재와 폐쇄가 오늘의 북한을 규정하며 제약하고 있는 셈이다. 북한이 처한 온갖 어려움을 완화-해소하는 길은 두말할 것도 없이 북한이 선군독재(Military-First Dictatorship)가 아니라 '선민정치(People-First Politics)'를 베푸는 데 있으며, 이는 다시 주민의 인권개선 및 대외 개방 등과 직결돼 있다. 이렇게 본다면 '북한문제의 근본적 해결'을 위해서는 당면한 북핵문제에만 단선적이고 대증요법적 차원에서 접근해서는 곤란하며, 인권개선과 민주화에도 관심을 기울여야 한다는 점을 알 수 있다.

셋째, 북한 인권문제는 우리가 직면한 '통일문제'의 중요한 일부이기도 하다. 우리가 추구하는 통일은 자유민주통일이며, 민족 성원 모두의 자유-복지-인간 존엄성이 존중-보장되는 내용의 통일이다. 그럴진대 북한 주민의 인권개선을 추구하지 않는 대북정책은 그 자체 반인권적–반민족적일 뿐만 아니라 우리의 통일철학 및 이념과도 맞지 않는다. 이런 점에서 지난 시기 '인권 개념'을 등한시했던 대북정책은 깊이 반성해야 마땅하다.

흔히 북한 인권문제라고 말하지만, 여기에는 다양한 내용과 수준의 인권문제가 포함되어 있다.

첫째는 북한 주민의 인권문제다. 지금 북한 주민들은 정치범수용소, 반문명적인 공개처형, 고문과 학대, 이중삼중의 감시와 성분 차별, 사상–표현의 자유 침해, 기아와 영양실조 등을 겪고 있다. 총체적으로 북한 주민의 인권문제는 '수령독재'의 산물이라 할 수 있는데, 이는 '체제'와 관련된 '구조적'인 것이라고 할 수 있다. 또한 전 사회분야에 걸쳐 있다는 점에서 '광범위'하며, 역사적 뿌리가 깊다는 점에서 장기적이고 고질적이다. 따라서 장기적인 안목을 가지고 해결을 추구하는 것이 현실적이다.

둘째는 탈북자의 인권문제다. 탈북자문제는 '식량난–경제난'의 산물이라 할 수 있다. 이는 북한 당국이 그들 주민에 대해 생활의 기본적 수요를 충족시켜야 할 책임을 다하지 못함으로써 발생한다. 곧, 북한 정권이 생존의 위협에 처한 주민들을 품어주지 못하고 밖으로 밀어내는 현상이 '탈북'인 것이다. 탈북자들의 경우 신변의 안전 위협, 체포 시 대북 강제송환, 노동력–임금 착취, 인신매매 또는 강제결혼, 감금-린치-학대 등 다양한 형태의 가혹행위, 보호소 수용 과정에서의 고문 등 비인간적 처우, 탈북자 자녀(아동)의 무국적 상태 발생 등 다양한 형태의 인권침해가 발생하고 있다. 이는 북한 주민의 그것들과는 다른 차원의 것이다. 특히 탈북자의 인권문제는 중국-러시아 등 접경지역에 그치지 않고, 생존과 안전을 위해 제3국(주로 동남아)으로 월경, 유랑함으로써 '문제의 광역화'를 초래하고 있다. 이 같은 절박한 인권침해에 지금 국제사회는 더 직접적이고 즉각적인 관심을 보이고 있다. 유수한 국제 NGO들은 탈북자들에게 난민의 지위(Refugee Status)를 부여하는 것이 무엇보다 시급하다고 보고 있다. 하지만 1차 피난지국인 중국은 물론, 2차 피난지국인 태국-캄보디아-라오스 등 관련국들이 난민의 지위를 인정하길 거부하고 있다.

셋째는 남북관계에서 발생하는 인권문제이다. 여기에는 이산가족문제, 납북자-국군포로의 문제가 있다. 이산가족문제는 3년간에 걸친 한국전쟁의 결과 발생한 것으로 이를테면 '전쟁'의 산물이라 할 수 있다. 하지만 반세기가 넘도록 근원적인 해결을 보지 못하고 있어 아직까지도 가장 대표적인 분단 고통의 상징으로 남아 있다. 그간 이산가족문제는 주로 인도적 차원에서 다루어져 온 게 사실이다. 하지만 이산가족문제 또한 엄연히 가족권(family rights)이라는 인권문제라고 할 것이다. 이산가족들은 지금 가족 성원 간의 연락 및 접촉, 안부를 전할 권리, 귀향의 권리가 거부당하고 있다.

다음, 납북자문제는 납치테러리즘이란 '범죄'의 산물이라 할 수 있다. 자기 의사에 반한 납치와 강제연행, 불법억류가 개재돼 있다. 무조건 원상회복이 이루어져야 하나, 북한은 납북자의 존재를 부정하고 있다. 반면 자진 월북자 내지 의거 입북자라고 강변하고 있다. 때문에 이들은 자유의사 표명의 기회뿐만 아니라, 본국(대한민국) 관리와의 접견 및 영사보호 등 인권이 박탈당하고 있다. 누구나 자기의 원거주지로 돌아갈 권리가 있으나, 이것마저 거부당하고 있다. 북한체제가 싫어 제 발로 남으로 내려온 이산가족들과 비교하면 납북자들의 인권상황은 가히 비극적이다.

마지막으로 국군포로문제는 한국전쟁의 산물인 동시에 1949년 제네바 제3협약에 따른 포로송환의무 위반, 생존포로 존재의 은폐 및 강제억류 등 국제인도법 위반(비인도적 범죄)의 결과로 생겨난 문제이다. 즉 '전쟁'과 '전쟁범죄'가 복합적으로 작용해 생겨난 것이다. 이들의 처지는 납북자와 비슷하며, 인권문제도 그와 유사한 측면이 있다.

넷째는 기타의 인권문제로서 외국인 납치문제가 있다. 많은 사람들이 납치문제 하면 주로 일본인 납치문제만 연상하지만, 북한이 납치해 온 외국인은 11개국 38명(일본인 16명, 레바논인 4명, 말레이시아인 4명, 프랑스인 3명, 이탈리아인 3명, 중국인 2명, 네덜란드인 2명, 태국인 1명, 싱가포르인 1명, 루마니아인 1명, 요르단인 1명)에 달한다. 외국인 납치문제는 2005년 12월 이후 채택된 유엔총회 결의에서 계속 거론하고 있는 중요한 인권문제이다. 우리가 '나 몰라라' 할 수 없는 사안인 것이다. 이 밖에도 북송 일본인 처의 귀향문제나 최근 언론에 보도되고 있는 베트남전 국군포로문제가 있다.

한 마디로 북한 인권문제는 북한 정권이 존재함으로써 발생하는 것이라고 하겠다. 많은 경우 북한이 인간적 도리와 국제적 규범을 지키지 않음으로써 작금 문제의 심각성이 더해지고 있다. 총체적으로 비인간, 반문명, 무책임, 범죄성에 기인하고 있다고 할 수 있을 것이다.

4부

북한 인권에 대한
올바른 접근

1장
보편적 가치로 접근, 해결 추구

인권은 '보편적 가치'에 관한 문제요, 삶의 원칙에 속한 것이기 때문이다. 금일의 유엔체제 하에서 기본적 인권의 존중 및 보호는 국제사회의 문제, 즉 탈국내문제화되어 있다. "인권에는 국경이 없다 (Human rights have no borders)."는 말이 있다. 이는 1993년 6월 빈에서 열린 세계인권회의를 전후하여 널리 회자되기 시작한 것으로 인권의 보편성, 초국경성을 말하는 것으로 간주된다. 인권의 보편성 원칙은 오늘날 국제인권법의 기본원리로 자리잡고 있다. 인권의 보편적 가치성은 곧 이 문제를 민족주의(nationalism)로 대처할 수 없다는 것을 말해준다. 곧 인권은 국제주의(internationalism)와 국제협력 (international cooperation)으로써 풀어나갈 수밖에 없다. 열악한 북한 인권의 개선은 보편적 가치에 부합하는 것이요, 인류의 양심적 명령 내지 국제사회의 도덕적 요구라고 할 것이다.

둘째, '국내적 인권'과 '국제적 평화'는 불가분의 관계에 있다. 이와 관련해서 일찍이 미르킨 구에체비치(Mirkine-Guetzévitch)라는 국제법 학자는 '국내적 자유(자유의 기술)'와 '국제적 평화(평화의 기술)'는 불가분 의 관계에 있다고 갈파했다. 구에체 비치의 인권과 평화 간의 상관관 계에 관한 명제는 인류가 제2차 세계대전을 통해 진실임이 입증되었고, 오늘날의 국제관계에서도 여전히 타당하다. 즉 '국내적 자유와 인권'을 보장하기 위한 노력, 나아가 독재정권의 정치-민주화 실현은 '국제적 평화'를 확보하는 데 있어 가장 긴요한 선결조건이 된다. 이렇게 볼 때 동북아의 평화, 나아가 세계평화를 이룩하기 위해서는 북한의 인권개선 및 김정일 독재체제의 민주화가 긴요함을 알 수 있다.

셋째, 국제법적 관점에서 북한 인권문제에 관심을 가지고 그의 개선을 위해 노력해야 할 당위성은 북한이 가입한 국제인권규범에서 찾을 수 있다. 북한은 1981년 9월 14일 2개의 국제인권규약, 즉 「경제적-사회적 및 문화적 권리에 관한 국제규약」(일명 '사회권규약' 또는 '국제인권 A규약')과 「시민적-정치적 권리에 관한 국제규약」(일명 '자유권규약' 또는 '국제인권 B규약')에 가입하였다. 이 밖에도 북한은 1990년 9월 21일 「아동의 권리에 관한 협약」(일명 '아동권리협약')에, 그리고 2001년 2월 27일에는 「여성에 대한 모든 형태의 차별철폐에 관한 협약」에 가입하였다. 이 같은 국제인권조약에 따라 북한은 해당 분야의 인권개선 의무를 진다. 그러한 의무를 제대로 이행하지 않을 경우 국제사회가 이를 따지고 개선을 촉구하는 것은 당연하다.

2장
대한민국의 헌법정신:
북한 인권개선은 국가적 의무

그러면 우리 헌법은 북한 주민의 인권문제에 대하여 어떠한 입장을 취하고 있을까를 검토하기로 한다. 이는 헌법적 가치와 정신의 문제라고 할 수 있다.

첫째, 북한 주민에 대한 인권 보장의 당위성은 북한 주민의 법적 지위(대한민국 국민성)와 국가의 인권보장의무에서 도출된다. 대한민국 헌법 제3조 영토조항은 "대한민국의 영토는 한반도와 그 부속도서로 한다."고 규정하고 있다. 이에 따라 북한지역은 대한민국 영토의 일부로 간주된다. 영토조항에 따라 북한지역이 대한민국 영토의 일부라는 의미를 갖는다면, 여기서 다시 다음 몇 가지의 파생적인 결론이 도출된다. 첫째, 한반도에는 대한민국(Republic of Korea:

ROK)이라는 하나의 국가밖에 존재하지 않으며, 둘째, 서울 정부(이승만 초대정부 이래 이를 계승한 역대 정부)가 대한민국의 '유일 합법정부'로서 법적-정치적 정통성을 가지며, 셋째, 군사분계선 이북에 실재하는 북한은 대한민국의 영토 일부를 불법적으로 점거하면서 사실상 통치권(ruling power)을 행사하는 '반국가단체'에 지나지 않으며, 넷째, 한반도의 허리에 그어져 있는 군사분계선은 2개 국가 간의 항구적인 국경선이 아니라 통일 이전에 남북한이 각기 행사하는 '관할권(jurisdiction)'의 잠정적 경계선이라는 것이다. 그곳에 거주하는 북한 주민은 대한민국 국민으로 취급된다. 이런 입장에서 북한 주민이 탈북하여 대한민국에 들어올 경우 우리 정부는 이들을 외국인으로 취급하지 않으며(그 결과 귀화절차를 밟지 않는다), 대한민국 국민으로 받아들인다.

더불어 우리 헌법상 북한 주민이 대한민국 국민으로 간주되는 이상 한국정부는 헌법 제10조에 따라 남한 주민과 똑같이 북한 주민의 인권 보장 및 개선을 위해 노력할 의무가 있다. 대한민국 헌법 제10조는 "모든 국민은 인간으로서의 존엄과 가치를 가지며 행복을 추구할 권리를 가진다. 국가는 개인이 가지는 불가침의 기본적 인권을 확인하고 이를 보장할 의무를 진다."고 규정하고 있다. 그러므로 북한 주민들도 우리 헌법 제10조에 따라 인간으로서의 존엄과 가치를 가지며 헌법에 명시된 기본권을 향유할 수 있다. 따라서 북한 주민의 인권 참상을 외면하는 것은 국가가 국민의 기본권 보장의무를 방기하는 것이 된다. 그러기에 정부는 기회 있을 때마다 국제무대와 남북대화 등에서 북한 인권문제(탈북자-납북자문제 포함)를 적극 '거론' 해야 한다. 또한 국가인권위원회나 법무부 등의 국가기관은 북한 인권개선을 위한 노력(북한 인권침해 사실의 기록 및 그 시정방안의 강구 포함)을 다하지 않으면 안 된다. 그렇지 않으면 해당 국가기관은 직무유기의 책임에서 벗어날 수 없다.

둘째, 대한민국은 헌법 제4조에 따라 자유민주적 기본질서에 입각한 평화적 통일을 이룩해야 할 의무가 있다. 대한민국 헌법 전문은 '조국의 민주개혁과 평화적 통일의 사명'을 천명한 데 이어 헌법 제4조에서는 "대한민국은 통일을 지향하며 자유민주적 기본질서에 입각한 평화적 통일정책을 수립하고 이를 추진한다."고 규정하고 있다. 우리가 추구하는 통일이 사회주의적 연방제 통일이나 민중민주주의통일이 아님이 분명하고 헌법이 명령하는 바와 같이 반드시 자유민주적 기본질서에 입각한 통일, 그리고 평화적 통일을 이룩하려면 가능한 조건 내지 전제로서 먼저 북한체제의 자유화 및 민주화가 선행되어야 한다. 이것은 북한 주민의 자유와 인권 신장이 없이는 불가능하다.

대북정책의 '최종목표'는 평화적 통일이다. 이를 위해서는 먼저 남과 북을 연결하는 하나의 '민족공동체'를 형성해야 한다. 민족공동체는 남북 간에 가치관의 공유와 체제동질성의 확보가 이루어질 때 성립될 수 있다. 남북 간 체제동질화 및 가치관 공유의 방향은 인류역사가 보여주듯이 당연히 자유민주주의와 인권, 법의 지배, 시장경제여야 한다. 이것은 개방과 개혁, 인권개선 등 한 마디로 북한의 '변화'를 의미한다. 따라서 대북정책의 '중간목표'는 북한 주민의 자유와 인권개선, 외부정보의 북한 유입 및 공유, 법치와 시장의 확산을 통한 북한의 실질적인 '변화'라고 할 것이다. 이러한 맥락에서 볼 때 북한 인권문제를 거론하고 그의 개선을 추구하는 일은 평화적 통일을 위한 필수불가결의 조건이라고 할 수 있다. 따라서 대한민국은 북한 인권개선에 적극 나서야 하며, 이를 뒷받침하는 법제도를 정비하는 것은 헌법적 요구에 비추어 당연하다.

셋째, 진정한 남북공존의 확보와 한반도 평화 정착을 위해서 북한 주민의 인권개선을 추진해야 한다. 이는 '평화'와 '인권(민주)'의 상관성 때문이다. 금일 핵무기 개발에 대한 북한의 집착과 국제사회를 향한 무모한 핵도박은 바로 이런 시각, 즉 '인권 부재의 정치체제'의 맥락에서 파악되어야 한다. 요컨대 북핵문제 해결 등을 비롯해서 한반도에 공고한 평화를 정착시키기 위해서는 북핵문제 해결을 위한 평화적–외교적 해법을 강구함과 아울러 더 근본적인 차원에서 북한 주민의 인권개선과 체제 민주화를 병행적으로 추진해야 한다. 이런 점을 고려할 때 인권문제를 제쳐놓고 핵문제에만 매달리는 단선적인 대북정책은 헌법정신에 맞지 않는 것이라고 할 수 있다.

3장
통일준비와 북한 인권

통일준비의 의의와 필요성

통일준비란 언젠가 갑작스럽게 닥쳐올 통일을 미리미리 준비함으로써 통일의 후유증을 줄이고 안정적으로 민족통합의 과정을 관리하는 것을 말한다.

우리가 통일을 준비해야 할 근거와 필요성은 다음과 같이 설명될 수 있다.

우선, 식량난-경제난 가중, 국제사회의 대북 경제제재와 외교적 고립, 사회적 일탈 현상의 만연 등 북한의 총체적 위기가 심화되고 있다. 이런 가운데 갓 출범한 김정은 후계체제의 통치 시스템이 단기적으로는 안정 국면에 진입하고 있는 것으로 보이지만, 여전히 정치적 불확실성을 강하게 내포하고 있다. 또 김일성 생일 100돌 행사의 개최를 위해 무리하게 국가재정을 출혈한 상태라서 그 파급영향이 향후 어떠한 방향으로 나타날지 미지수이다. 그러기에 학자들 간에는 북한체제의 내구력 지속 여부에 대한 의문이 제기되고 있는 실정이다.

북한이 당장 체제붕괴를 하지는 않겠지만, 북한이 안고 있는 여러 가지 내부 모순과 체제 위협요인을 감안할 때 예기치 않은 시기에 갑작스런 정치적 변동(이른바 급변사태)이 발생할 가능성은 상존한다. 그런 점에서 북한 급변사태에 대한 준비와 더불어 이러한 사태 발생 시 통일의 기회를 포착하기 위한 종합적 준비가 필요함은 두말할 것도 없다. 결국 현재 진행되고 있는 북한체제의 위기와 한반도를 둘러싼 통일환경의 변화를 감안할 때 책임 있는 정부와 국민이라면 남북한 분단관리에만 집착하지 않고, 더 적극적인 관점에서 통일준비를 해야 함은 당연하다고 하겠다. 다시 말하면 통일준비는 대한민국 정부가 응당 떠맡아야 할 책무라고 할 것이다.

통일준비를 할 때 우리가 고려해야 할 사항으로는 다음과 같은 것을 들 수 있다.

첫째, 통일은 저절로 이루어지는 것이 아니다. 힘써 노력해야 실현되는 매우 어려운 과제이다. 그러므로 우리는 '기다리는 통일'에서 '만들어가는 통일'로 통일담론을 전환해야 한다.

둘째, 통일공포증, 곧 통일에 대한 막연한 두려움을 극복해야 한다. 준비를 잘 하면 통일은 재난이 아니라 새로운 기회가 될 수 있다. 후유증이 덜한 성공적인 통일은 오로지 준비를 잘할 때만 가능하다는 점을 인식해야 한다. 이와 관련해 통일비용과 부담을 너무 걱정하지 말고, 통일이 가져올 편익과 수혜를 함께 보아야 한다. 통일준비를 함에 있어서는 미래를 위한 통일투자 및 새로운 민족번영의 기회 포착이라는 관점이 매우 긴요하다.

셋째, 이러한 점을 감안해서 지금부터 정부는 통일준비를 국가적 의제로 만들고, 국민적 합의와 협조를 바탕으로 중-장기적인 안목을 가지고 실질적인 통일준비를 하나씩 해 나가야 한다.

통일준비와 북한 인권

우리가 통일준비를 위해 강구해야 할 정책수단은 셀 수 없을 만큼 많을 것이다. 현재 통일부, 외교통상부, 국방부, 국가정보원, 기획재정부 등이 수행하는 통일 관련 업무들이 다 여기에 속할 것이다. 여기서는 지면관계 상 자세한 설명은 약하고, 핵심적인 정책수단을 지적하는 것으로 그치기로 한다. 대략 다음과 같은 것을 들 수 있을 것이다.

- 확고한 안보태세 유지: 북한의 도발 억제
- 대화 유도를 위한 전제조건
- 북한 핵문제의 평화적 해결 노력 지속
- 호혜적 – 생산적인 남북대화 개최
- 원칙 있는 남북교류협력 추진
- 따듯한 대북 인도적 지원 실시
- 북한 주민의 인권 증진
- 북한의 개혁 – 개방 유도
- 통일지향 외교 전개
- 체계적인 통일교육 실시
- 국민적 통일의지 고취, 올바른 통일관, 균형잡힌 대북관 함양
- 통일재원 마련
- 우리 사회 내부에서 먼저 통일미래상 구현 노력 지속 전개 등

이상의 점에 비추어 북한 인권개선은 바람직한 통일준비, 특히 자

유민주통일을 질서 있게 추진하고 준비하기 위해서는 반드시 이룩해야 할 과제라고 할 수 있을 것이다.

5부

북한 인권개선을
위해 우리가 할 일

우리는 북한 인권개선을 위해서는 할 수 있는 모든 일을 다 해야 한다. 대화, 교류-협력, (인도)지원, 압박, 비판, 설득, 공론화, 국제공조 등이 그것이다. 특히 정부는 종합적인 북한 인권개선전략과 장-단기 정책 로드맵을 마련해서 원칙에 입각해 일관된 대북 인권정책을 전개해야 한다. 구체적으로 국제무대와 남북대화, 정부 차원과 민간 차원, 공식적 차원과 비공식적 차원, 온라인과 오프라인 등으로 나누어 내실 있는 북한 인권개선방안을 강구하고 이를 단계적으로 실천에 옮겨야 한다.

다음에서는 북한 인권 증진 및 개선을 위해 우리가 할 수 있는 대표적인 과제 몇 가지를 설명하기로 한다.

1장
북한 인권문제의
국제공론화

북한 주민의 인권 증진을 위해서 우리가 가장 먼저 해야 할 일은 국제무대에서 북한 인권문제를 공론화하여 국제적 관심을 지속적으로 환기하는 것이다. 본질상 북한 인권문제는 영향력 있는 한두 나라의 힘만으로 해결될 수는 없다. 국제사회가 모든 역량을 모아 단합된 행동을 취할 때 조금씩 변화가 일어날 수 있음을 잊지 말아야 한다. 그런데 이러한 활동은 민간단체와 국내외 언론이 '주도'하고 정부는 뒤에서 '지원'하는 것이 적절하다. 정부는 북핵문제나 대북관계 등 여러 가지 정치적 고려를 하지만, NGO는 그와 무관하게 순수성을 가지고 북한 인권문제에 접근하기 때문이다.

그동안 (사)북한 인권시민연합이 일본, 체크(체코의 후신), 폴란드, 노르웨이, 영국, 호주, 캐나다에서 북한 인권-난민문제국제회의를 개최하여 북한 인권문제에 대한 국제공론화를 위해 노력해 왔다. 미국과 캐나다의 한인동포들도 지역 차원에서 북한 인권 세미나를 개최하고 이 문제에 대한 지역주민들의 주의를 환기하고 있는 것은 바람직한 일이다.

북한 인권운동에 일찍부터 관심을 가져온 수전 숄티(Suzanne Scholte) 여사가 회장으로 있는 방위포럼재단(Defense Forum Foundation: DFF)과 그녀가 이끄는 북한자유연합(North Korea Freedom Coalition: NKFC, 미국, 일본, 한국 등에서 활동하는 70여개 북한 인권 NGO들의 연합체를 말함. http://www.nkfreedom.org/)은 2004년부터 매년 4월 마지막 주에 '북한자유주간(North Korea Freedom Week)' 행사를 개최해 오고 있다. 여기에 한국의 북한 인권단체(특히 탈북자단체)들이 적극 참여하고 긴밀하게 협력을 하고 있다.

국제공론화의 방법에는 유엔기구에 탄원서 제출, 국제 세미나 개최, 외국 의회에서 북한 인권 실상 고발, 청문회 개최, 북한 인권 관련 가두 캠페인, 북한-중국 대사관 앞에서의 시위, 메이저 언론에 광고 게재 등이 있다. 이 밖에도 온라인 상에서 북한 인권 소식을 전달하고, 동영상을 비롯한 최신의 북한 인권 관련 자료를 게시함으로써 세계 시민들이 신속하게 북한 인권 정보를 공유할 수 있도록 해야 한다. 또한 『북한 인권백서』나 북한 인권 관련 비디오 등 관련 자료를 각국의 유력 정치인과 해당 관리들, 그리고 국제인권기구(유엔 인권고등판무관실, 국제사면위원회, 휴먼라이트 워치 등)들에게 배포함으로써 정책 결정에 참고할 수 있도록 해야 할 것이다.

2장
국제사회와
대북 인권공조

NGO 중심의 북한 인권 공론화를 바탕으로 유엔 등 국제기구는 그의 개선을 촉구하는 결의안을 채택하여 대북 압박을 지속적으로 가해야 한다. 북한 인권결의안은 인류사회의 양심을 표현하는 것으로 상당한 정치적 부담을 북한 당국에 지울 수 있다. 물론 유엔 등 국제사회가 후속조치를 취하는 근거가 되기도 한다.

2013년 3월 21일 제22차 유엔인권이사회에서 북한 인권상황을 우려하고 그 개선을 촉구하는 한편, 북한 인권조사위원회(Commission of Inquiry: COI) 설치를 내용으로 하는 대북 인권결의안이 채택되었다. 유엔 인권전담기구인 인권이사회의 대북 인권결의안 채택은 그 전신인 인권위원회(UNCHR) 시절(2003~2005)을 포함하면 이번이 일

곱 번째다. 또 유엔총회는 2005년부터 2014년까지 10차례에 걸쳐 북한 인권결의안을 채택한 바 있다. 이와 관련해 한국은 2008년부터 총회 결의안, 그리고 2009년부터 인권이사회 결의안에 공동제안국으로 참여해 왔다.

우리 정부는 유엔무대뿐만 아니라 주요 관심국인 미국, 일본, 영국, 호주, 캐나다 등의 나라들과 국제협력을 통해 북한 인권개선을 위한 외교적 환경 조성에 주력해야 한다. 정부 차원이든 민간 차원이든 국제공조의 방향은 북한 당국이 선군정치 대신 '선민정치'를 채택하고 인권보장에 관한 국제적 최소기준을 준수하는 것이 되어야 할 것이다.

3장
북한 주민들에 대한
외부정보 전달

국제사회가 밖에서 북한 당국에 인권개선을 촉구하는 것만으로는 북한 주민의 인권 증진 및 보장에 한계가 있다. 주민들이 인권 개념을 가지고 북한 당국에게 삶의 질의 증진을 요구하는 노력이 병행돼야 실질적인 인권개선이 이루어질 수 있다. 이런 시각에서 서구적 인권 개념과 인간답게 산다는 것의 의미, 자유민주주의의 가치 및 우월성 등 인권의식을 싹트게 하는 내용이 북한 주민들에게 전달되도록 해야 한다. 더불어 끊임없이 외부세계의 정보를 북한 내부에 유입시켜 바깥세상의 소식을 알리는 한편, 이를 통해 '우리식 사회주의'의 구조적 모순 및 체제개혁-경제개방의 당위성을 깨닫도록 하는 것이 인권 보장을 위해 긴요하다. 정보 전달은 대북 방송, 전단 살포, USB나 비디오 유입 등 다양한 방법을 동원해서 할 수 있다. 이러한 활동은 북한 주민의 '알 권리' 충족은 물론, 남북 주민 간 의사소통과 정보공동체 형성을 위해서도 의미 있는 작업이라고 하겠다.

4장
북한 인권침해기록과
북한정권의 반인권범죄 억제

북한 관리들에 의한 심각한 인권 유린을 억제함으로써 결과적으로 북한 주민의 인권 증진방안의 일환으로 1961년 서독이 니더작센 주의 잘츠기터(Salzgitter) 시에 설치한 중앙범죄기록보존소(Dile zentrale Erfassungsstelle)와 같이 우리나라에 북한 인권침해사실을 기록하고 보존하는 가칭 북한 인권기록보존소를 설치-운영하는 것이 시급하다. 이런 기구는 북한 내의 인권침해자들에게 그들의 반인권적 범죄행위가 구체적으로 기록-보존되어 장차 통일 후 형사소추의 근거가 될 수 있다는 경고를 함으로써 북한 정권이 스스로 인권침해를 억제-자제하도록 하자는 데 근본취지가 있다. 그와 같은 조치는 북한 주민도 대한민국 국민의 일부라는 점, 대한민국 정부가 북한 주민의 인권을 등한시하지 않고 그 개선을 위해 노력하고 있다는 점을 천명하는 의미도 갖는다.

그동안 북한인권법 제정과정에서 법무부, 통일부(산하 북한 인권재단), 그리고 국가인권위원회 등이 북한 인권기록보존소 유치를 위해 경합한 바 있다. 어느 기구가 됐든지 간에 정권 교체에 관계없이 통일되는 그날까지 일관되게 북한 인권침해를 기록하는 것이 긴요하다. 그래야 북한 당국에 의한 인권침해 억제라는 소기의 성과를 거둘 수 있을 것이기 때문이다.

5장
북한 인권교육 강화 및
북한 인권 법제 인프라 구축

북한 주민의 인권보장을 앞당기기 위해서는 같은 민족으로 통일을 이룩하겠다고 하는 우리 국민의 관심이 매우 절실하다. 우리 국민이 북한 인권을 인류보편 가치의 문제로 보고 이념적 차이에 관계없이 한 마음으로 북한 당국에게 태도 변화를 촉구한다면 북한은 결국 자세를 바꿀 수밖에 없을 것이다. 하지만 우리 사회가 북한 인권문제를 둘러싸고 갈등과 대립을 반복한다면 북한은 이 같은 남남갈등을 역이용하려 들 것이다. 따라서 청소년 세대에게 북한 인권문제의 심각성, 북한 주민의 인권증진 노력이 현 단계에서 가장 시급한 인도주의 과업이라는 점, 나아가 자유민주통일을 위해서는 반드시 북한 인권이 개선되어야 한다는 점 등을 교육하는 것이 절실하다. 이런 관점에서 통일교육 내용에 북한 인권교육을 포함시킬 뿐만 아니라 그 비중을 확대해 나가야 할 것이다.

더불어 북한 인권개선활동의 실효성 확보를 위해서는 국민적 관심, 정부의 적극적 의지, 북한 인권단체들의 역량 강화 및 국제협력이 긴요하다. 법제도적 뒷받침이 있어야 이러한 요구에 잘 대처할 수 있음은 두말할 것도 없다. 이와 관련해 미국과 일본의 북한인권법 제정 등이 우리에게 주는 정치적 함의를 잘 새겨보아야 한다. 같은 맥락에서 우리 국회도 빠른 시일 내에 북한인권법을 제정해야 한다. 그것이 북한 주민을 우리 국민으로 보는 헌법정신과 법치주의를 구현하는 길이며, 통일지향의 대북정책에도 부합한다고 하겠다.

6장
북한 인권 전문가 양성 및 대학생 저변 확대

북한 인권단체들은 상기와 같은 다양한 활동을 하는 외에도 당해 단체 내에서 활동하는 직원들을 북한 인권 전문가로 양성, 국내연구기관 및 국제인권단체 등으로 수출하는 북한 인권 전문인력의 산실이 되도록 한다. 북한 인권단체들은 가칭 '북한인권아카데미' 개설-운영을 통해 북한 인권 전문가 양성 교육 프로그램을 운영하는 한편, 이들의 국내외적 네트워킹 및 전문적 활용에도 관심을 기울이는 것이 소망스럽다. 아울러 북한 인권 역량 및 저변 확대 차원에서 대학가에 북한 인권연구 동아리를 만들고, 대학생들의 관심을 환기하는 데 적극적인 노력을 경주해야 할 것이다.

7장
북한 인권백서
해외보급 확대

인류사회가 북한 인권 상황을 보다 더 정확히 알고 관심을 가질 때 북한 인권개선을 위한 국제적 역량이 제고됨은 두말할 것도 없다. 하지만 아직도 수많은 세계시민들은 북한 인권 상황의 심각성을 잘 모르고 있다. 그러기에 세계시민의 북한 인권에 대한 올바른 인식은 국제사회의 북한 인권개선 노력에 힘을 실어줄 것이다.

이러한 점을 감안해서 정부는 세계시민들의 북한 인권문제에 대한 관심 환기 및 제고 차원에서 통일연구원 간 『북한인권백서』의 해외보급 확대를 추진해야 한다. 즉 정부는 적정한 예산을 확보하여 『북한인권백서』의 영문 번역본 외에도 일어, 중국어, 러시아어, 불어, 스페인어, 아랍어, 인도어, 브라질어 등의 번역본을 추가로 발간,

해외에 보급할 수 있도록 해야 한다. 그럼으로써 더 많은 외국인들이 북한 인권 상황에 대해 올바른 인식을 갖도록 해야 한다. 아울러 『북한인권백서』 번역본과 북한 인권의 핵심내용 해설 기사를 인터넷 사이트에 게재함으로써 더 많은 외국인들이 접근할 수 있도록 해야 할 것이다.

8장
북한 인권개선을 위한
해외동포 역량 강화

북한 인권개선에 있어서는 해외동포의 역량 및 역할도 중요하게 작용할 수 있다. 그간 해외동포 사회에서는 대체로 북한 인권에 대해서는 침묵하고 인도적 지원에만 치중해 온 점이 있었던 것이 사실이다. 그러나 이는 균형 잡힌 태도가 아니다.

해외동포 사회가 인도적 지원과 북한 인권개선을 병행 추진할 경우 북한 당국에 상당한 압박으로 작용할 것이며, 한국의 대북인권정책에 긍정적인 영향을 미칠 수 있다고 생각된다. 이 같은 점을 고려하여 정부와 NGO들은 해외동포 사회에 북한 인권 정보를 제공하는 한편, 범민족적 관심 환기 차원에서 다양한 프로그램을 운영할 필요가 있다. 특히 미국, 일본, 중국, 동남아 등 우리 동포들이 많은 거주하는 나라에 북한 인권 관련 자료를 보급, 전파하도록 하되, 필요시 민주평화통일자문회의 해외지역협의회와 긴밀하게 협력하는 것이 바람직하다고 생각된다.

9장
탈북자 강제북송 저지를 위한 노력

'난민' 또는 '인도적 지위' 확보

중국이 탈북자를 난민협약상 '난민(refugees)'으로 판정, 협약에 따른 보호를 제공하도록 국제사회와 긴밀히 공조하는 가운데 직-간접으로 대중국 설득 외교를 지속적으로 전개해야 한다. 곧 국제시민사회에서 난민지위 인정의 당위성에 관한 광범위한 여론을 조성하고, 이를 배경으로 중국의 태도 변화를 모색해야 할 것이다.

하지만 중국 정부의 난민 판정이 실현되기까지 상당한 시간이 걸릴 가능성이 크다. 이러한 점에서 서구의 여러 나라와 한국과 일본 등이 국내법에서 도입하고 있는 소위 '인도적 지위(humanitarian status,

인도적 지위는 정식의 '난민 지위(refugee status)'는 아니나 '난민에 준하는 보호'를 부여하는 지위를 가리킨다. 이와 관련, 2012년 2월 한국이 제정한 난민법에서는 난민 외에 '인도적 체류자'라는 지위를 인정하고 있다)' 제도를 중국이 채택하도록 촉구하는 방안도 대안으로 고려할 필요가 있다.

UNHCR의 탈북자 지원활동 허용 및 정착촌 설치 추진

주지하는 바와 같이 현재 중국 정부가 탈북자에 대해 난민지위 인정을 거부하고 있다. 이런 상황에서 중-장기적으로는 유엔난민고등판무관(United Nations High Commissioner for Refugees: UNHCR) 사무소가 탈북자 보호 및 지원활동을 묵인하는 한편, 중국 내에 탈북자 정착촌 조성을 허용하는 방안도 적극 추진할 필요가 있다. 이와 관련해 중국의 난민지위 인정 및 UNHCR의 개입 허용을 관철시키기 위해서는 국내외의 NGO들의 연대활동 및 국제공론화가 매우 긴요하다. 그리고 탈북자 정착촌이 설치될 경우 여기서 세계 여러 나라의 NGO들이 탈북자 구호활동에 참여할 수 있도록 해야 한다.

보편적 정례검토 등 주요 계기 시
탈북자 강제북송 공론화

정부와 북한 인권단체들은 당면한 현안으로 떠오른 탈북자 강제북송을 저지하기 위해서 유엔 사무총장과 유엔 북한 인권특별보고관의 북한 인권 보고서 제출, 유엔총회 및 인권이사회의 북한 인권결의안 채택 시 강제북송의 반인권적 실태를 고발하고, 개선을 위해 국제사회가 많은 관심과 노력을 기울이도록 계속 촉구해야 할 것이다. 특히 앞으로 각기 4년 6개월 주기로 계속 실시될 중국 및 북한 인권상황에 대한 '보편적 정례검토(Universal Periodic Review: UPR)' 과정에서 국제사회가 양국에 대해 강제북송문제를 제기함으로써 정책전환을 권고하도록 해야 할 것이다.

'한국인증명서' 발급 및
대중 외교적 협조 확보

우리나라는 탈북자 강제송환 방지 방안의 일환으로 해외 체류 탈북자를 대한민국 국민으로 인증(認證)해 '한국인증명서'를 발급해 주는 방안을 적극 추진할 필요가 있다. 여기서 한국인증명서는 여권이나 여행증명서를 가리킨다. 다만 중국이 탈북자의 국내 입국기록 부재를 들어 당해 증명서의 효력을 인정하지 않을 경우 한국, 북한, 중국 간 탈북자를 둘러싸고 속인적 관할권(俗人的管轄權)의 충돌문제가 제기될 수 있다. 따라서 대중 압박 일변도로 나감으로써 중국을 자극하기보다는 국제사회의 탈북자 관련 여론을 배경으로 한중 간의 물밑대화를 통해 실사구시적인 해결책을 강구하도록 해야 할 것이다. 예컨대 국군포로-납북자 및 그 가족, 부 또는 모가 한국에 있는 미성년 탈북아동, 형제자매가 한국에 거주하는 경우부터 한국인증명서를 발급하고 그 대상을 점차 확대해 나가는 방안을 모색하는 것이 그러한 방안의 예가 될 수 있다. 이와 관련해 선의의 대중 압박 외교와 더불어 '조용한 설득 외교'를 병행하는 지혜로운 외교전략 구사가 매우 긴요하다고 하겠다.

10장
실향민의 가족권 해결을 위한 노력

북한 인권문제는 협의로 사용할 경우 북한 주민의 인권문제(탈북자문제 포함)만을 가리키지만, 광의의 북한 인권문제는 북한 정권이 존재함으로써 발생하는 모든 북한 인권문제, 곧 국군포로-납북자(전시 및 전후 납북자 포함) - 이산가족문제 등을 포함한다.

그 중에서도 남북이산가족문제는 시간의 제약이 있는 절박한 인도주의 현안인 동시에 인간의 기본적 인권의 하나인 이른바 '가족권(family rights)'에 관한 사안이라 할 수 있다. 이 점을 감안해 정부는 이산가족 상봉이 반드시 이루어질 수 있도록 다각적인 노력을 기울여야 할 것이다. 필요시 식량-비료 등 대북지원 카드를 적극 활용하는 것도 적극 고려해야 한다.

11장
분배 투명성 조건 하의
인도지원

북한 인권 증진을 위해서는 위와 같은 채찍 외에도 당근을 병행하는 것이 바람직하다. 인도적 차원에서 임산부, 아동, 노인 등 취약계층에 대한 인도지원을 반대급부 없이 실시하는 것은 그런 방안의 대표적인 예가 될 수 있다. 북한이 이산가족 상봉, 국군포로-납북자문제 해결 등에 호응해 나올 경우 '분배 투명성'을 조건으로 인센티브 차원의 인도지원을 추가로 제공할 수 있을 것이다. 장기적으로는 해외 탈북자나 정치범수용소 등 중대현안의 근원적 해결에 전향적인 태도를 보일 경우 파격적인 대규모 지원도 고려할 수 있을 것이다.

12장
기타

북한 인권개선을 위해 한국과 국제사회가 추진할 수 있는 그 밖의
과제들을 예시하면 다음과 같다.

- 한국 정부 차원
- 유엔인권이사회의 북한 인권 및 중국 인권에 대한 보편적 정례검토
  (UPR) 절차 진행 시 관련국들과 긴밀한 외교적 협조
- 관련국 (북한)인권대사협의체 구성-운영: 한-미-일 3국으로부터 시
  작하여 참가국 점차 확대 등
- 북한 인권문제와 관련, 국내 주재 외국공관과의 긴밀한 협조: 외국대
  사 및 북한 인권 담당자들에 대한 수시 홍보 내지 설명

– 해외에서 우리 국민(해외동포 포함)의 북한 인권개선활동 측면 지원
  등

• 국제사회 차원
– 유엔북한 인권특별보고관의 방북 조사 추진: 국제사회의 대북 압력
  및 설득 노력 지속
– 유엔인권고등판무관실의 인권개선 관련 대북 기술지원 모색
– 유엔총회 기간 중 장관급(고위급) 북한 인권 회담 개최의 정례화 및
  제도화
– 국제인권조약기구(자유권위원회, 사회권위원회 및 기타 분야별 인권
  위원회)에서 북한 인권 상황에 대한 정기적인 검토 시 적극적인 개입
  및 대북한 권고안 채택
– 유엔인권이사회 산하 주요 실무그룹에서 북한 인권개선 노력 경주:
  자의적 구금 실무그룹, 강제적 및 비자발적 실종에 관한 실무그룹 등
– 미국, 캐나다, 호주, EU국가 등의 대북 인권대화 추진 및 북한의 인권
  개선 촉구 등

• 민간단체 차원
– 유엔인권이사회, 유엔인권고등판무관, 유엔난민고등판무관, 국제형

사재판소, 유엔북한 인권특별보고관, 한–미 양국의 북한 인권대사와
대화채널 개설 및 긴밀한 관계 유지

- 주제별 유엔특별보고관(고문, 강제실종, 여성폭력, 표현의 자유 특별
보고관 등)의 방한 시 간담회 개최를 통해 북한 인권 관련 정보 제공
및 협조체제 유지

- 유엔인권이사회가 북한 인권 UPR을 위한 자체 요약보고서 작성과정
에 적극 참여 및 가능한 지원 제공

- 북한 인권문제에 관심을 가진 해외의 민간재단(미국의 NED, 일본의
Japan Foundation 등)과의 유기적인 협조체제 구축

- 미국, 일본, 영국, 호주, 캐나다 등 해외 NGO들과의 네트워킹 확보
및 강화

- 국제기구, 외국의 단체 및 해외동포사회에 북한 인권 비디오, CD 및
홍보자료 제공–보급

- 해외에서 북한인권 관련 뮤지컬(예: 요덕스토리) 공연 및 영화 상영
지원

- 북한 인권개선 촉구와 관련된 해외 인터넷 사이트 및 인터넷 방송 운
영자 지원

- 미국의 소리(VOA), 라디오 자유아시아(RFA) 등 북한 인권 관련 해
외방송 담당자들과의 인적 교류 확대 및 강화 등

맺는말

위에서 북한 인권침해 실태와 주요 발생요인, 국제사회의 일반적 평가(유엔 북한 인권 COI 보고서 포함), 북한 인권문제의 4가지 차원, 그리고 북한 인권문제를 바라보는 올바른 시각을 차례로 고찰하고, 우리가 해야 할 일을 개괄적으로 제시하였다. 무엇보다도 열악한 북한 인권 상황을 외면하지 않고 그 개선을 위해 적극적으로 나서는 것이 대한민국 헌법의 정신이자 규범적 명령이라는 사실을 알 수 있었다. 뿐만 아니라 세계 최악의 북한 인권의 증진은 인류보편의 가치에 부합하는 것이며, 이 시대 인간 양심의 목소리에 충실한 자세라고 할 수 있다.

이제 북한 인권개선을 위해 우리 정부, 언론, 시민단체, 기업 등 모든 주체들은 가능한 모든 방안들을 짜내 동시다발적으로 실행에 옮기는 것이 필요하다. 이 과정에서 국제인권기구, 외국의 인권단체들과의 긴밀한 공조가 매우 절실하다고 하겠다. 모든 세상사에 있어서 '관심' 혹은 '동기유발'이 시작이라고 생각된다. 관심은 '행동'과 '동참'을 불러일으킨다. 행동의 축적은 새로운 변화의 '역사'를 만들어 낸다. '관심 → 행동 → 변화'의 법칙은 북한 인권에 그대로 적용될 수 있다. 이런 관점에서 앞으로 정부와 시민사회는 북한 인권에 대한 국민적 관심을 제고하는데 더 많은 노력을 기울여야 할 것이다.

여기서는 결론에 갈음하여 한국의 대북 인권개선 방향을 다시 한 번 요약-정리하기로 한다.

첫째, 북한 인권문제는 정부 혼자서, 또한 일거에 해결하기 어려운 문제이다. 물론 우리 정부의 의지와 역할이 중요하다. 하지만 인력과 예산 등 나름의 한계도 있다. 따라서 정부가 국제기구, 국제 및 국내 NGO, 교회, 기업, 시민사회가 함께 대처하는 게 긴요하다. 특히 정부가 나서기 곤란한 때는 오히려 NGO가 적극 목소리를 내는 것이 도움이 될 경우도 있다. 따라서 정부는 이들 행위 주체, 특히 NGO와의 적절한 역할분담을 통해 꾸준히 북한 인권 증진을 위해 노력하는 것이 바람직하다. 정부는 NGO들의 의견을 최대한 수용해 북한 인권 증진을 위한 종합적-체계적인 로드맵을 만들어야 한다.

둘째, 우리 정부는 기본적으로 북한 인권문제를 '인권' 그 자체, 곧 '보편적 가치'의 문제로 접근하고, 근본적인 해결을 추구해야 한다. 그래야 정치화의 논란을 피할 수 있고, 실질적인 개선을 모색할 수 있다. 보편적 가치와 국제인권규범은 북한 인권개선을 위해 우리가 의지할 수 있는 중요한 잣대인 것이다. 이런 시각에서 우리 정부는 국제사회의 움직임에 보조를 맞추면서(예컨대 유엔총회의 북한 인권 결의 공동제안국 참여 및 찬성 투표), 북한 정권이 국제인권규범을 지키도록 설득−권고해야 한다. 특히 북한이 4년 6개월마다 수검해야 하는 UPR 계기 시 한국이 적극 참여하여 북한 인권개선을 위해 가능한 모든 노력을 기울여야 할 것이다. 이 밖에도 유엔총회 결의에서 명시된 북한 인권특별보고관의 방북−조사에 북한이 협조하도록 인권이사회 이사국 및 관련 국제기구와 공조하는 방안도 적극 추진해야 한다.

다만, 정부가 북한 인권개선을 추구함에 있어서는 국제무대와 남북대화를 준별하는 자세가 필요하다. 국제무대에서는 주로 북한 주민과 탈북자의 인권문제를 다루는 것이 적어도 현단계에서는 현실적이다. 남북대화에서 가령 정치범수용소를 거론하고 해결을 모색하는 것은 여러 가지 면에서 합당치 못하다. 반면 이산가족−납북자−국군포로문제는 남북대화에서 해결을 추진하는 게 바람직하다.

남북한은 이들 문제에 관한 합의 생산 및 실천의 경험을 갖고 있기 때문이다. 당면하게는 이산가족 상봉의 정례화가 시급하며, 납북자－국군포로문제의 경우 '이산가족에 끼워넣는 해결' 대신 더 근원적인 해법을 강구해야 한다.

셋째, 인권 NGO들과 시민사회는 앞으로도 북한 인권문제를 공론화하고, 국민적 관심을 환기하는 노력을 계속 전개해야 한다. 더불어 이 문제에 대한 국제시민사회의 일치된 목소리를 확산시켜 나가야 한다. '인류의 양심'을 대변하면서 북한의 태도 변화를 위해 도덕적 압박을 가하는 것이야말로 북한 인권개선운동에 가장 큰 힘이 될 수 있다. 국내외의 NGO들은 상호 긴밀하게 협력하는 가운데, 유엔인권이사회나 유엔인권고등판무관실 등 유엔기구 인사들과의 수시 접촉과 정보 제공을 모색하는 한편, 국제사면위원회 등 저명한 국제인권단체들의 지속적인 관심과 행동을 계속 촉구해야 한다. 해외 및 국내 입국 탈북자 지원은 교회 등 NGO가 전면에 나서고, 정부가 관련법과 절차에 따라 조력을 구하는 구도가 적절하다.

넷째, 현 단계에서 정부와 민간 부문이 함께 노력해야 할 과제가 있다. 그것은 북한 인권개선 역량의 강화 차원에서 시민들에게 북한 인권교육을 강화해야 한다는 점이다. 지난 10년 동안 북한 인권교육이 극히 부실했다. 북한 인권실상에 대한 정확한 정보를 제공하면서 국민교육을 꾸준히 실시해야 한다. 북한 인권 전문가도 체계적으로 양성해야 한다. 결국 사람이 새로운 역사를 쓰는 법이기 때문이다. 이 밖에 언론과 방송도 북한 인권문제에 대한 관심 환기와 국민교육에 일조할 수 있다.

다섯째, 국회도 북한인권법 제정 등 입법적 대응에 힘을 쏟아야 한다. 두말할 것도 없이 북한 인권개선활동의 실효성 확보를 위해서는 법제도적 뒷받침이 있어야 한다. 국민적 관심, 정부의 적극적 의지, 북한 인권단체들의 역량 강화 및 국제협력이 긴요하기는 하지만, 법과 제도가 완비되지 않고서는 북한 인권개선 노력이 안정적이고 지속적으로 이루어지기 어렵다. 이와 관련해 미국과 일본의 북한인권법 제정 등이 우리에게 주는 정치적 함의를 잘 헤아려야 한다.

현재 국회 법사위원회에 계류 중인 북한인권법안에는 북한인권자문위원회, 대외직명 북한인권대사(북한인권국제협력대사라는 표현을 사용한 북한인권법안도 있다), 북한인권재단, 북한인권기록보존소 등의 제도 마련과 안정적 예산 확보를 명시하고 있다. 북한인권법이 통과되면 북한 인권운동이 탄력을 받게 될 것이며, 양과 질의 면에서 한 단계 도약할 수 있을 것이다. 이런 점을 고려하여 국회는 빠른 시일 내에 북한인권법을 제정해야 한다. 그것이 북한 주민을 우리 국민으로 보는 헌법정신과 법치주의를 구현하는 길이며, 통일지향의 대북정책에도 부합한다고 할 것이다.

　무릇 인권은 '거론'할 때 '개선'이 있고, '침묵'하면 '진전'이 없는 법이다. 우리가 북한 인권문제를 제기하는 것은 북한 정권의 행동을 비판함으로써 북한 주민들에게 '인권의 빛'이 전달되도록 하자는 뜻에서다. 그러한 점에서 북한 인권문제 거론(선의의 비판)은 '민족자애적'인 것이지, 결코 북한과 냉전적으로 대결하자는 것이 아니다. 이 점을 깊이 인식하고 많은 사람들이 북한 주민의 생명을 살리는 북한 인권개선 운동에 나서길 기대한다. 그리고 정부의 각종 노력에도 성원을 아끼지 않기를 바란다. 그럴 때 동토의 왕국, 북한에 생명의 빛, 인권의 빛이 도달하여 북한 주민들도 우리처럼 사람답게 사는 날이 더욱 빨리 찾아오게 될 것이다.

부록1

이산가족, 국군포로 · 납북자 및 북한이탈주민의 인권

1장
북한 인권의 내포와 외연

북한 인권문제는 북한 정권이 존재함으로 인하여 발생하는 인권문제, 곧 북한 정권의 독재성, 폭력성, 반인권성(인권탄압성), 무자비성 때문에 발생하는 인권문제를 총칭한다. 다시 말하면 북한 인권문제는 북한 정권이 '가해자'로서 야기하는 인권문제를 가리키는 개념인 것이다. 여기에는 북한지역에서 발생하는 북한 주민에 대한 인권침해 외에도 북한이탈주민(탈북민)문제와 남북관계에서 발생하는 인권문제, 즉 이산가족문제, 국군포로-납북자문제 등도 포함된다. 요컨대 북한 인권문제를 지역 개념 내지 장소적 개념으로 파악하여 북한 주민의 인권침해로 제한적으로 이해해서는 안 된다. 물론 북한 주민에 대한 북한 정권의 인권침해는 '협의의 북한 인권문제'라고 볼 수 있다.

이산가족의 개념과 범위

1971년 남북적십자회담 예비접촉이 시작된 이래 2000년대 전까지 남북한 간에 논의된 인도적 사안은 이산가족문제뿐이었다. 이는 당시의 시대적 상황을 반영하는 것이었다. 반면 국군포로, 납북자문제는 관심 밖이었다.

여기서 이산가족이라고 함은 '일반 이산가족'이라고도 하는데, 한국전쟁 중 북한 정권의 탄압을 피하여 이남으로 내려온 자들을 가리킨다. 월남 실향민이라고도 한다. 이는 통상적인 의미의 이산가족 혹은 '협의의 이산가족'이라고도 할 수 있다.

그런데 2000년 남북정상회담이 개최되고 이산가족 상봉이 성사된 후 이른바 '특수 이산가족'이라는 개념이 등장하였다. 이는 월남 실향민과는 성격을 달리하면서 특수한 배경이나 경위를 갖는 이산가족들을 가리킨다. 주로 한국전쟁 및 남북분단 과정에서 자기 의사에 반하여 북한에 납치-연행되어 가거나 포로로 강제억류, 미송환됨에 따라 미귀환자로서 북한에 잔류하고 있는 자 등을 말한다. 대체로 현재 우리 정부나 학계에서 사용하는 특수 이산가족은 미송환 국군포로, 전시 및 전후 납북자를 지칭한다고 볼 수 있다.

하지만 특수 이산가족이라는 개념을 사용할 경우 미송환 국군포로,

전시 및 전후 납북자 외에도 월북자, 탈북민, 재일 북송교포, 비전향 장기수 등도 여기에 포섭될 수 있을 것으로 생각된다. 이렇게 본다면 우리는 일반 이산가족과 특수 이산가족을 합친 '분단 피해자' 혹은 '분단 이재민'을 '광의의 이산가족'으로 부를 수 있을 것이다.

요컨대 광의의 이산가족은 '동기를 불문하고 분단된 한반도의 남과 북에서 분리된 상태로 각기 거주하고 있는 자' 모두를 지칭한다고 할 것이다. 이들은 향후 자유의사에 따른 재결합이 이루어질 경우 배우자, 형제자매의 혈족 및 인척으로서의 신분관계를 회복−형성할 가능성을 내포하고 있다고 하겠다.

김대중 정부와 노무현 정부는 광의의 이산가족을 대상으로 이른바 '포괄적 접근 및 해결'을 추구하였다. 즉 이산가족 상봉행사 틀 내에서 국군포로, 전시 및 전후 납북자 일부를 끼워 넣어 금강산에서 이산가족 상봉을 추진했던 것이다. 소위 '끼워넣기식 해결'이 바로 그것이다. 한편, 한 가지 지적하고 넘어갈 것은 김대중−노무현 정부에서 햇볕정책−포용정책을 추진하던 시기 북한 측과 합의한 문건들에서는 특수 이산가족, 특히 납북자와 국군포로에 대해 '전쟁 시기 및 전후시기에 소식을 알 수 없게 된 자', 곧 전시 및 전후 행불자의 개념으로 접근한 바 있다는 점이다. 이 같은 표현은 문제의 본질을 희석 내지 호도하는 면이 있을 뿐만 아니라 납치 혹은 포로 은폐와 강제억류 등 범죄적 내지 불법적 요소를 드러내지 않는 점에서 문제가 있다. 이 점에서는 특수 이산가족라는 표현도 마찬가지라는 게 필자의 기본입장이다.

이산가족문제와 인권

천부인권으로서의 가족권의 침해

남북한에 흩어져 살고 있는 이산가족들은 아직까지 자유롭게 만나는 것은 고사하고 생사조차 알지 못한 채 통한의 삶을 살고 있다. 즉 남북이산가족은 지금 모든 가족 혹은 가족 구성원이 누릴 수 있는 기본적 인권이 북한 당국에 의해 중대하게 침해를 당하고 있는 것이다. 이런 시각에서 볼 때 남북이산가족문제는 가족권(family rights), 특히 가족 성원의 동거권, 연락-교통권, 면접-상봉권, 귀향권 등이 침해당하고 있는 사안으로서, 이러한 권리를 회복-실현시켜야 하는 법적 문제라고 규정함이 타당하다.

실향민의 인권 보호문제

이산가족문제는 생존권 기반 박탈 등 북한 당국의 인권탄압과 6·25 전쟁의 참화를 피하기 위하여 대한민국 영토의 북쪽에서 남쪽으로 월남한 데서 비롯된 것이다. 언필칭 1천만 이산가족이라고 하는데, 전쟁기간 중 북한에서 남한으로 내려온 사람들이 대부분을 차지하고 있다. 월남의 동기나 이유를 불문하고 남한으로 내려옴으로써 고향을 등지게 된 사람은 모두 '실향민(displaced persons, die Heimatlose)'이라고 할 수 있다. 물론 북한에 남아 있는 가족들의 경우 고향에 그대로 살고 있으므로 실향민이라고 할 수 없다.

하지만 월남 실향민들은 고향을 등지며 살고 있는 데 그치지 않고 지금 자유롭게 고향을 가고 싶어도 갈 수 없는 상황에 처해 있다. 북한 당국이 실향민의 인권침해 상황을 수수방관하며, 인권을 존중-보호하려고 하지 않기 때문이다. 요컨대 남북이산가족문제는 실향민의 인권보호문제라고도 할 수 있다.

2장
특수 이산가족의 현황 및 인권: 납북자–국군포로 중심으로

납북자

전후 납북자(6·25전쟁 이후 납북자)

(1) 납북자 현황

통일부의 집계에 따르면, 6·25전쟁 이후 납북된 자(이하 '전후 납북자'라고 한다)는 총 3,835명에 이른다. 이 중 북한이 남북협상에 의하거나 일방적 혹은 기타의 방법에 의해 송환한 3,310명과 사선(死線)을 넘어 스스로의 노력에 의해 탈북–귀환한 9명을 포함해 총 3,319명(전체의 86.5%)이 귀환하였다. 그 결과 2015년 5월 1일 현재까지 북한에 억류되어 있는 미귀환 납북자는 516명에 이른다.

〈표 3〉 전후 납북자 근황

구분	계	어부	KAL	군·경	기타	
					국내	해외
피납자	3,835	3,729	50	30	6	20
귀환자	3,319(9)	3,271(8)	39	–	–	8
억류	516	458	11	30	6	12

통일부 이산가족과

그러나 납북자 명단의 정확성을 제고하기 위해서는 국내외에서 발생한 실종사건 중 북한에 의한 납치 가능성이 높은 사건들에 대한 심층조사가 필수적이다. 현재까지 확인된 납북사건의 유형은 몇 가지로 나누어 볼 수 있다.

첫째, 가장 많은 사례는 어부들에 대한 납북사건이다.

둘째, 국내에서 이루어진 민간인 납북사건이다. 납치된 민간인들은 사상교육과 대남공작 훈련을 거쳐 대남간첩 교관으로 육성되었다. 대남 공작원 출신 안○○ 씨는 자신이 교육을 받았던 평양 용성구역 「이남화(以南化) 혁명관」의 교관 50여 명은 모두 남한 출신이며, 이 중 한국 해안에서 납치된 사람만 20여 명이라고 주장하였다. 납북자들은 다수가 학생이고, 낚시꾼, 상인도 있었다고 증언한 바 있다.

셋째, 외국에서 납치된 민간인 납북사건이다. 북한이 외국에서 납치한 사람들 중에서 신원이 확인된 사람은 총 20명이다. 이 중에서 신상옥, 최은희, 오길남 등 8명은 탈출-귀환하였고, 억류된 사람은 전 수도여고 교사 고상문, 순복음교회 출신 안승운 목사 등 총 12명이다.

넷째, 민간 항공기 납치 및 억류 사건이다. 1969년 12월 11일 승객 47명과 승무원 4명을 태우고 강릉을 출발한 대한항공 YS-11 쌍발여객기가 이륙 14분 만에 대관령 상공에서 납치되어 원산시 근처 선덕비행장에 강제 착륙했다. 사건 발생 직후 내무부는 강릉에서 병원을 운영하던 채현덕과 그에게 포섭된 고정간첩 조창희, 부조종사 최석만이 여객기를 납북했다고 공식 발표했다. 이후 항공기 납치에 대한 국제적 비판여론이 거세지자 북한은 납북 66일 만인 2월 14일 50명 중 조종사, 승무원 등 11명을 억류하고, 39명만 송환하였다. 2001년 2월 제3차 남북이산가족 교환 방문 때 당시 스튜어디스였던 성경희의 어머니가 평양시 고려호텔에서 딸 성경희와 32년 만에 상봉한 바 있다.

다섯째, 해군과 해경 선박 납치, 정보요원 납북 억류 사건이다. 1970년 6월 5일 연평도 서해 공해상에서 한국 해군 정찰함 I-2정이 북한 함정의 기습공격을 받고, 해군 20명을 태운 채 북한 해군에 납북된 바 있다. 또한 1974년 6월 28일 해경 863함이 동해 어로보호

구역을 경비하던 중 선체가 침몰하여 진종영, 신명선 등 경찰 2명이 납북되었다. 이 밖에도 북한생활 경험자와 탈북민들의 증언을 통해 소수의 정보요원들이 북한에 억류되어 있다는 사실이 확인되었다.

(2) 전후 납북자 인권 실태

납북자들은 일정기간 북한의 정보 당국에서 조사를 받는다. 납북어부들은 서해안에서 나포되면 통상 해주에서, 동해안에서 나포되면 문천에서 7~10일 정도에 걸쳐 조사를 받는다.

조사내용은 주로 가족사항, 군대생활, 사회생활 등에 대한 것이다. 또한 해군, 해경, 정보요원 등 특수 신분의 납북자는 한국의 군, 경, 정보기관에 대한 심층조사를 받게 된다. 그리고 납북자에게는 김일성주의자로 충성을 맹세하며 살겠다는 결의서 같은 것을 작성하게 한다.

납북자들은 조사가 끝나면 대동강국제호텔, 금수산여관, 평양여관 등 평양 인근 지역이나 원산 등지에서 6~16개월 정도 집중적인 사상교육을 받는다. 납북자들에 대한 사상교육 내용은 북한의 사회주의형법과 사회생활, 토지개혁, 김일성 혁명사상, 김일성과 김정일 우상화, 김일성 혁명역사 등으로 구성된다.

북한 당국은 납북자들에게 일정 기간의 사상교육을 진행하면서

송환 여부를 결정한다. 강제억류를 결정한 납북자들의 경우 충성심과 활용도에 따라 분류하여 추가교육을 실시한 후 대남사업 관련 분야에 선발하거나 사회로 배치하였다.

사회배치가 결정된 납북자들은 거주지역과 직장에 배치된다. 납북자들은 서로 배치되는 지역과 직장을 알 수 없고, 만나거나 연락할 수도 없다.

중앙당에서 납북자들의 지역과 직장을 배치하면 당 기관 지도원이 해당 지역 직장에 인계한다. 납북자들은 직장에서 주택을 제공받고, 업무를 배정받는다. 납북자들은 직장에서 단순 노동자로 배치된다. 또한 당에서는 납북자들이 한국으로 돌아갈 생각을 하지 않고 빠르게 정착할 수 있도록 혼인을 권유하고 적극 주선한다. 그러나 납북자들은 토대가 나쁘기 때문에 성분이 좋은 배우자를 만나기 어렵다.

북한 당국은 이중-삼중의 감시체계를 세워 납북자들의 일거수일투족을 철저하게 감시한다. 납북자들은 군당, 공장 당, 지역보위부, 공장보위부, 안전부, 인민반을 통해 감시를 받는다. 북한 당국은 납북자들의 직장 동료나 친구들 중에 감시자를 붙여놓고 사상동향을 감시하기 때문에 가까운 사람일수록 말을 조심해야 한다.

납북자들은 북한 사회에서 지속적으로 사회주의의 우월성, 김일성–김정일에 대한 충실성 등에 관한 사상교육을 받는다. 납북자들은 정기적으로 강습에 참여해야 한다. 강습은 납북자들의 사상개조와 북한체제에 대한 충실성 고양을 목적으로 진행되는 후속교육을 말한다.

강습 내용은 2개월의 사상이론교육과 1개월의 현장교육으로 이루어진다. 사상이론교육은 김일성 혁명사상, 김일성 혁명역사, 사회주의형법, 토지개혁 등의 주제로 원산송도초대소에서 2개월 동안 진행된다. 현장교육은 혁명사적지, 혁명전적지 견학 등 평양 금수산여관을 숙소로 사용하면서 1개월 동안 진행됐다.

납북자들은 강습 기간에 같은 기수에 참가하는 40~50명 정도의 납북자들을 만나게 된다. 조 편성에서 함께 납북된 사람들은 같은 조로 편재되지 않는다. 또한 서로의 소식을 전해들을 수 없도록 조 편성이 이루어진다.

납북자들이 북한 당국의 신임을 받고 사회적 불이익을 당하지 않기 위해서는 충성심을 인정받을 수 있도록 행동해야 한다. 북한 당국은 일정 기간의 검증과정을 거쳐 김일성과 김정일에 대한 충성심을 기준으로 부문 당의 추천을 통해 납북자들을 조선로동당에 입당시키기도 하였다. 그러나 납북자들은 당원이 된다고 하더라도 당이나 직장에서 간부의 직책을 맡을 수는 없다. 직장에서는 승진이 거의 불가능하고, 자재 구입 등 대외활동을 하는 역할을 할 수 없다.

납북자들은 북한 내에서 친척이 없기 때문에 여행에 많은 제약을 받는다. 다만 강습 기간에 만난 납북자들의 회갑, 결혼 등의 행사에는 예외적으로 방문이 허용되는 경우도 있다고 한다.

북한 내에서 납북자들의 생활은 최하층 수준이며, 본인뿐만 아니라 자녀들까지 출신 성분으로 인해 대학 진학과 군 입대 등에서 불이익을 받았다. 또한 납북자들의 자녀들은 군대에 가기 어렵고, 설사 군대에 가더라도 뇌물을 쓰지 않으면 대부분 공병과 같이 힘든 병과에 배치된다.

전시 납북자: 6·25전쟁 기간 중 발생한 납북자

(1) 6·25전쟁 납북자 현황

6·25전쟁 기간 중 발생한 납북자의 전체 규모는 아직 정확하게 밝혀지지 않고 있다. 이와 관련해서 한국 정부와 대한적십자사가 몇 가지 통계자료를 발표한 바 있다. 한국 정부가 작성한 자료에 따르면 전시 납북자의 규모는 대략 8만 명 이상인 것으로 나타나고 있다.

〈표4〉 6·25전쟁 당시 납북현황

구분	작성주체	시기	인원
서울특별시 피해자 명부	공보처 통계국	'50	2,438명
6·25사변 피납치자 명부	공보처 통계국	'52	82,959명
6·25사변 피납치자	내무부 치안국	'52	126,325명
6·25사변 피납치자 명부	공보처 통계국	'53	84,532명
6·25동란으로 인한 피납치자 명부	내무부 치안국	'54	17,940명
실향사민 등록자 명단	대한적십자사	'56	7,034명
실향사민 명부	국방부	'63	11,799명

6·25전쟁납북진상규명위원회 홈페이지

2000년에 들어서서 국내 민간단체인 6·25전쟁납북인사가족협의회(이하 협의회라고 함)가 헌신적인 노력 끝에 9만 6,013명의 납북자 명단을 발표한 바 있다.

(2) 6·25전쟁 납북의 유형

우선 6·25전쟁 납북의 유형은 '위장 납북'과 '색출 납북'의 두 가지로 대별된다.

첫째, 위장 납북은 자수, 관광, 모셔오기 작전, 전출, 소집 등의 명목으로 납북하는 것을 말한다. 북한 군관들이 집에 와서 잠시 물어 볼 것이 있다며 데리고 간 후 납북하는 것도 여기에 포함된다.

둘째, 색출 납북은 숨어 있는 대상자를 색출하여 납북하는 것을 말한다.

(3) 납북과정과 인권침해

서울을 점령한 인민군은 즉각 활용가치가 있는 지도층 인사들을 찾기 위한 수색작전에 착수했다. 인민군은 먼저 가택 수색을 통해 사회지도급 인사들이 공산체제에 협조하도록 방송과 신문을 통해 선무공작을 벌였다. 이어 1950년 7월 정-관계 요인, 각계각층의 지도급 인사들(공무원, 의료인, 문화예술인, 법조인, 학자, 언론인, 실업가 등)을 1차로 납북했고, 1950년 8월 중순경부터 9월 28일 서울 수복 전까지 서대문형무소 등에 구금하고 있었던 자 등 일반 민간인들을 2차로 납북했다. 납북경로는 주로 개성방면과 연천방면 두 갈래로 나뉘었다.

전시 납북자들은 납북과정에서 총살 등으로 희생당하는 일이 빈번하게 발생했다. 이와 관련해 주한 미국대사관은 "이송과정에서 더 이상 걸을 수 없는 낙오자들은 총살됐다는 증거가 발견되었다."고 미 국무장관에게 보고한 바 있다. 종교인들 역시 피랍과정에서 사살당하거나 특별한 보호를 받지 못하고 사망하는 등 수난을 받기는 마찬가지였다.

한편, 전시 납북자들은 강제부역에 동원되고, 청년들은 인민군에 강제 편입되기도 했다. 이와 관련해 조철은 이래와 같이 증언하였다.

"피랍 무명인사들은 해주시를 중심으로 황해도 일대에 약 4만여 명이나 분산 수용되었다. 무명인사들은 인민군경비대에서 군사훈련을 받았고, 방공호 굴착, 도로, 교량수리, 양곡운반 등 부역을 강요당했고, 청년들을 선발해서 인민군에 편입시켰다."

위의 증언들에서 보듯이 전시 납북자들이 피랍과정에서 사살 등 수난을 당했다. 일부는 전쟁 중 폭격을 맞아 죽은 경우도 있다. 또 다른 일부는 인민군에 편입돼 전선에 투입됨으로써 총알받이 역할을 했던 것으로 보인다. 그 결과 전쟁 기간 중 상당수의 납북자들이 사망했을 가능성이 높다.

(4) 전시 납북자들의 북한 내 인권 실태

북한은 1952년 초부터 소위 '반동 저명 납치인사'들에 대한 적극적인 회유에 나서기 시작했다. 북한은 최린과 현상윤에 먼저 접근했다. 이 두 사람에게 '조국통일을 지지하는 내용의 대남방송 원고와 선생으로서의 의견'을 써 달라고 부탁했다. 이후 북한은 백관수와 손진태에 대해서는 같은 수작을 부렸다. 하지만 조철의 회고에 따르면 이들은 한결같이 협조 요청을 거부했고, 그에 따라 북한 측 간부들로부터 조국통일에 협조하지 않을 경우 인민들의 증오대상이 될 것이라는 협박을 당했다고 한다.

전후 북한 당국은 모든 납북자들에 대한 엄격한 신분조사와 사상 검토 작업을 시작했다. 남한에서 이름 있는 주요 납북인사들의 경우 대체로 사상검토를 거쳐 협상파 혹은 반동으로 규정했다. 이 경우 대부분 강제노동수용소로 보냈다. 반면 북한 당국은 사상 심사를 통해 불온사상이 없다고 인정된 사람들이나 인민군에 편입돼 전선에 나갔던 사람들의 경우 학교나 기타 직장으로 배치하였다. 이런 사람의 구체적인 신원과 규모는 정확히 확인되고 있지 않다.

전시 납북자는 물론 그들의 가족에 대한 이야기도 별로 알려진 게 없다. 대체로 전시 납북자와 그 가족들은 역시 남한 출신자들인 미귀환 국군포로와 그 가족의 경우와 비슷한 대우를 받았을 것으로 보인다. 국군포로와 그 가족은 소위 '남반부 출신'이라는 이유로 주위로부터 멸시와 천대를 받으며 살았다. 남반부 출신이란 사실이 알려질 경우 이혼을 당하는 사례도 있었다고 한다.

전시 납북자들은 북한사회에서 최하위 신분계층에 속해 있기 때문에 1990년대 중반 북한 전역에 엄습한 식량난의 영향을 가장 심하게 받은 것으로 전해진다. 그들이 집단 거주하는 광산이나 탄광지역 등은 의료시설이 열악하고 식량과 의약품의 보급이 여의치 않아

사소한 병에 걸려도 쉽게 목숨을 잃었을 것으로 추정된다.

미귀환 국군포로문제

국군포로 현황

6·25전쟁은 1953년 7월 27일 유엔군과 공산군 측 사이의 정전협정을 통해 정지되었으나 국군포로 송환문제를 완전히 해결하지 못하였다. 포로송환문제의 가장 큰 쟁점은 포로송환 원칙과 포로 명단에 관한 문제였다. 포로송환 원칙문제에서 유엔군 측은 자원자에 한정된 자원(自願)송환을 주장하였고, 공산군 측은 전체 포로의 강제송환을 주장하였다.

　쌍방은 1953년 7월 22일 최종적인 포로 숫자를 상호 통보하였는데, 유엔군사령부는 7만 4,000명(북한군 6만 9,000명, 중공군 5,000명)을, 공산군 측은 1만 2,746명(한국군 8,186명, 유엔군 4,578명)을 각각 통보하였다. 또한 유엔군사령부는 정전 성립을 전후하여 공산군 측으로부터 최종적으로 국군포로 8,343명을 인도받았다.

　북한 측은 휴전회담 과정에서 국군포로의 수를 대폭 축소해서 보고했다. 그러나 중공군의 『항미원조전사』 기록, 휴전회담 과정에서 인민군 이상조의 발언, 클라크 전 유엔군사령관의 회고록 이외에 국방부의 공식통계자료, 국내외 관련 자료, 관련자들의 발언 등을 종합적으로 참고해 추정한 미송환 국군포로 수는 대략 5만~6만 명 이상이다. 이 수치는 2006년경 국방부에서 발표한 수치와 비슷하다. 당시 국방부는 국군포로를 총 4만 1,971명으로 파악하였으며, 이 중 포로송환 협상을 통해 8,726명이 귀환했고 1만 3,836명은 전사로 처리했다고 밝혔다.

국군포로 인권실태

(1) 1956년 포로 해제 이전의 생활과 인권실태

6·25전쟁 발발 시까지 남북한은 1950년 8월 효력이 발생한 「전쟁포로의 대우에 관한 1949년 8월 12일자 제네바 협약」(이하 제네바 제3협약)에 가입하지 않았다. 그러나 1950년 7월 4일 맥아더 유엔군사령관은 북한군을 인도주의 원칙에 따라 대우하겠다고 선언하였고, 7월 5일 이승만 대통령은 '제네바 협약의 조건을 따를 것'이라고 언명하였다. 또한 북한 측은 1950년 7월 13일 부수상 겸 외무상 박헌영이 제네바 제3협약을 준수하겠다는 전문을 유엔 사무총장에게 발송

하였다.

그 결과 북한은 제네바 제3협약을 이행할 의무가 있음에도 불구하고 제네바 제3협약에서 규정한 포로의 일반적 보호, 포로의 구금, 구금의 종료 등에 대한 규정을 심각하게 위반했다. 그 저변에는 북한이 국군포로를 단순한 포로가 아니라 정치사상 교양의 대상이자, 인민군으로 편입해야 할 가용자원으로 인식한 것과 관련이 있다. 북한은 국군포로를 '아무것도 모르고 남한의 군에서 종사하다 포로가 된 후, 북한이 진짜 조국이었다는 것을 깨닫고 귀화한 사람들' 또는 '미제국주의자들로부터 해방된 전사'라는 의미에서 '해방전사'라고 불렀다.

국군포로는 전쟁포로로 대우받지 못했고, 인민군에 강제입대해서 전쟁에 동원되었다. 북한은 성분심사과정을 거쳐 성분이 양호한 국군포로들은 인민군에 재입대시켜 전장에 투입하거나 철도 등 시설 복구, 비행장 건설, 불발포탄 제거 등을 위하여 노무부대(건설부대)에 배치시켰다.

북한의 포로수용소에서는 국군포로에 대한 심각한 인권침해가 이루어졌다. 무엇보다도 포로수용소에서 국군포로들은 기아에 허덕일 정도로 적은 양의 식사만 공급받았고, 열악한 위생상태로 인해 많은 희생자가 발생했다. 영양실조와 열악한 위생상태 때문에 전염

병이 발생했고, 건강상태가 나쁜 국군포로들이 다수 희생되었다.

북한은 정전협정 체결 후 국군포로에 대한 송환의무를 위반하고, 5만~6만 명을 억류하였다. 북한 측의 포로송환 심사는 강제적이었고, 포로수용소에서 자체 성분심사 결과를 거쳐 악질로 분류되거나 전후 복구사업에 쓸모가 없다고 판단되는 국군포로들만 송환대상에 포함되었다. 그런데 송환 여부를 결정하는 권한은 당사자의 자의에 의해서가 아니라 전적으로 정치보위부 심사관에 의해 결정되었다.

국군포로들은 정전협정이 체결된 이후에도 내무성 건설대로 편성되어 탄광이나 광산에서 강제노동에 동원되었다. 북한은 5만 명 이상의 국군포로와 10만여 명의 인민군 귀환포로들을 중심으로 내각 건설총국 산하 '건설여단'과 '건설돌격대'를 편성하여 전후 복구사업에 투입했다. 국군포로들로 편성된 여단이나 돌격대로는 '서울여단' '부산여단' '광주여단' '지리산돌격대' '오대산돌격대' 등이 있었다.

국군포로들은 탄광이나 광산에 배치된 후에도 고된 하루 일과 노동과는 별개로 정치학습을 강요받았다. 그리고 정치학습의 성과가 미미하면 가차 없이 비판과 욕설을 듣기가 일쑤였다. 또한 일을 제대로 하지 않거나 지시를 불이행할 경우 또는 반동적인 행위를 한 경우에는 즉각 그에 상응하는 가혹행위가 뒤따른다.

  (2) 1956년 포로 해제 이후 사회생활과 인권실태

국군포로들은 1956년 6월 25일 내각명령 143호(「남조선포로들을 사회진출시킬데 대하여」)에 의해 전원 제대조치 되었고, 북한 공민으로 편입되었다. 이 같은 사회 배출조치의 주목적은 전후 경제복구사업에 국군포로 출신자들을 인적 자원으로 활용하기 위함이었다.

상당수 귀환 국군포로들의 증언에 의하면 이때 김일성에 대한 충서 맹세문을 쓰도록 강요했다고 한다. 충성 맹세문 작성은 일종의 전향서라고 볼 수 있는 것이다.

국군포로들은 제대 후 대부분 위험한 탄광이나 광산지역에 배치되었다. 이는 자기 의사와는 전혀 무관한 일방적-강제적인 무리(집단) 배치에 의한 것이었다. 국군포로들은 북한사회의 최하층으로 취급되고 온갖 사회적 차별과 불이익을 받았다. 국군포로들은 대부분 함경남북도에 위치한 온성탄광, 아오지탄광, 새별탄광, 오봉탄광, 강안탄광, 주원탄광, 유선탄광, 무산광산, 검덕광산, 용양광산 등에서 생활했다.

국군포로들의 사회에서 노동시간, 월급, 배급 등 생활과 관련한 대우는 일반 북한 주민들과 동일했다. 국군포로들은 탄광이나 광산지역으로 배치된 후 북한 주민들과 동일하게 하루 8시간씩 3교대로 일했고, 하루 700그램의 식량과 정해진 월급을 받았다. 북한 당국은 국군포로들을 월남자 가족, 유엔군 협조자, 월북자, 종교인 등과 함께 '적대계층'으로 분류하여 그 가족들까지 철저하게 감시하고 학대하였다. 국군포로들은 적대계층으로 분류되기 때문에 추방자, 일제시대 경찰 등 출신성분이 나쁜 집안의 여자와 결혼을 하고 가정을 꾸릴 수밖에 없었다.

국군포로 자녀들은 출신성분이 나쁘기 때문에 인민학교에서부터 불이익을 받는다. 귀환 국군포로 이원우는 "'국군포로'라는 꼬리표는 그 자식들에게까지 그대로 물려지게 되며, 학대와 차별은 형언할 수 없을 지경이었다."고 증언한 바 있다. 국군포로 자녀들은 학급 반장이 될 수 없고, 소년단에 가입하는 것도 다른 아이들에 비해 가장 늦게 허용된다. 또한 아무리 성적이 우수해도 대학 입학 허가를 받을 수 없고, 군대에도 못 나가는 경우가 많다. 국군포로 자녀들은 대부분 부모를 따라 탄광이나 광산에 배치되었고, 결혼을 하는 과정에서도 출신성분 문제로 어려움을 겪는다.

조선로동당은 국군포로들에 대해 기본적으로 적대시 정책을 추진했다. 국군포로들은 1960년대 후반부터 1970년대 후반까지 몇 차례에 걸친 재정비 사업을 통해 거의 모두 광산이나 통제대상구역 공장, 집단농장 등에 거주하게 되었고, 국가안전보위부에 등록되어 일거수일투족을 감시받으며 생활하였다. 곧 국군포로들에 대한 감시와 사상 검증은 1956년 6월 사회에 배출되기 전이나 후나 별 차이가 없었던 것이다. 이들은 사회생활 과정에서 국가보위부, 당조직, 인민반 등에 의해 항상 감시를 받았는데, 조금이라도 말을 잘못하면 곧바로 국가안전보위부에 잡혀가는 경우가 많았다. 또한 어떤 사건이 발생하면 요시찰 인물로 지목되기 때문에 보위부원들이 집 주위를 감시한다.

북한은 1980년대 초 국가보위부 및 사회안전부의 포고로 '반국가 파괴, 전복음모, 치안대 가담전력, 간첩임무 등에 대한 자수 및 관대 처리방침'을 발표하였다. 이후 극소수의 국군포로들이 조선로동당 입당을 승인받았고, 행정 간부로 임용되기도 하였다. 또 국군포로 자녀들에 대해 대학 입학이나 군 입대를 허용하는 등 통제가 일부 완화되는 조치가 뒤따랐다. 그러나 이들의 증언에 의하면 당원이 된 경우에도 다른 국군포로들과 별다른 차이가 없었다고 한다. 여전히 본인에 대한 감시가 행해지고 있었고, 자녀들의 대학 진학이나 군 입대가 어려웠기 때문이다. 비공식적인 차별과 억압은 여전했다.

3장
재의 탈북민의
인권

재외 탈북민의 인권침해 실태

2011년 12월 17일 김정일의 갑작스런 사망 이후 아들 김정은으로
의 권력이행기에 접어들었다. 작금 북한은 체제 동요를 막으면서 이
른 시일 내에 김정은의 권력 안정화를 실현하기 위해 부심하고 있
다. 지금 북한으로서는 사회주의체제 체제유지가 최고의 정책목표
이자, 사활이 걸린 국가이익으로 등장하고 있기 때문이다. 김정은
후계체제의 조속한 안착의 일환으로 북한은 사상통제 및 주민감시
를 강화하고 있다. 그래서 북한 주민 옥죄기는 김정일 시대와 크게
달라진 게 없다.

더욱이 김정은의 북한은 현재 선군정치를 '유훈통치'로 규정, 김정일의 정치적 유산인 선군정치를 지속할 것임을 분명히 했다. 이 선군정치노선은 내부자원을 과도한 군사비와 체제 선전비에 우선적으로 투입하는 반면, 북한체제 하에서 정치범수용소, 공개처형, 언론-표현 및 사상의 자유 등 각종의 인권침해를 정당화하는 기제로 작동해 왔음은 주지하는 바와 같다. 그런 까닭에 북한 주민의 인권 및 삶의 정황이 단시일 내에 개선될 가능성은 낮다고 해도 과언은 아닐 것이다.

실제로 북한은 2011년 연말부터 농민시장 외 시장활동 억제, 탈북민 적극 색출, 불법 휴대전화 사용 금지, 반북활동 통제를 밝히는 등 공포정치, 폭군통치를 실시하고 있다. 예컨대 북한은 김정일 장례기간 중 탈북한 자에 대해 '3대 멸족'을 지시하였고, 한국인 접촉 탈북민 및 불온한 정치사상범 등에 대해 즉결처형이나 정치범수용소 강제수용의 처분을 실시하였다.

이러한 북한 내의 복잡한 사정을 고려할 때 김정은 시대에도 탈북민 행렬은 계속될 것이다. 주지하는 바와 같이 탈북민문제는 여러 가지 복합적인 요인에 의해 발생하고 있다. 만성적인 경제난과 식량난, 정부의 열악한 배급정책에 대한 불만, 간부들의 부정부패, 다양한 경로를 통한 외부정보 유입, 사회기강 해이와 사회일탈현상 중가, 해외 체류 근로자들의 가치관 변화 등이 탈북을 촉진하고 있다고 할 것이다. 그리고 북한 당국이 근본적인 체제개혁 및 대외개방을 추진하지 않는 한, 특히 농업체제의 변혁을 통한 식량증산문제를 해결하지 않는 한, 생존을 위한 필사적인 탈북을 막지는 못할 것이다. 탈북행렬은 궁극적으로 북한체제의 붕괴를 가속화시키는 요인으로 작용할 공산이 크다고 보인다.

탈북민들의 가장 근본적인 인권침해는 신변 안전을 도모할 수 있는 장치가 없다는 것이다. 그 결과 탈북민에게는 끊임없는 체포 및 생명에 대한 위협, 강제북송의 위험이 항상 존재한다. 실제로 중국은 한 해에 5,000여 명의 탈북민들을 북한으로 강제송환하는 것으로 알려지고 있다.

탈북민들은 일정한 주거지가 없기 때문에 아무데서나 자야 하며, 이로 인한 추위, 배고픔, 불안, 공포 등 심리적 고통도 대단하다. 여성의 경우 인신매매의 위험에 노출되어 있는 경우가 다반사이다. 중국인이나 조선족과 결혼한 경우에도 가정폭력이나 성적 학대에 시달리기 일쑤이다. 아이를 낳고 살다가도 워낙 학대가 심해 가정이 파탄 나거나 도망치는 경우도 적지 않다. 탈북민들이 설령 중국 현지에서 취업을 하더라도 업주들에게 폭행을 당하는 일이 많으며, 노동력 착취, 특히 공안에 신고하겠다고 협박해서 임금을 제대로 받지 못하는 경우도 비일비재하다. 공안에 체포돼 북송되기 전까지 수용소 생활기간 중에 폭행이나 비인격적인 대우, 금품 갈취 같은 사례도 있는 것으로 보도되고 있다.

탈북아동은 두 가지로 대별된다. 첫째는 북한 출신 꽃제비다. 이들은 교육기회가 박탈되어 있고, 의식주문제를 늘 고민해야 한다. 그 결과 미래가 없는 삶을 살고 있다. 이들이 범죄조직에 들어가 범죄를 저지를 가능성은 항시 존재한다. 둘째는 탈북여성이 중국에서 아이를 낳을 경우 무국적 아동이 생겨난다. 현재 이러한 무국적 탈북아동도 3만명 이상이 되는 것으로 추정되고 있다.

북한으로 강제송환된 탈북민들은 북한 당국으로부터 각종의 억압과 비인간적인 대우를 받는다. 죄질이 나쁘다고 판단될 경우 사회로부터 완전히 고립돼 아무런 식량원조도 받지 못하는 일도 있다. 특히 한국의 기독교 선교사와 접촉한 경험이 있는 탈북민들은 십중팔구 정치범수용소로 끌려가며, 종신형이나 총살형 등 극형에 처해지기도 한다. 중국 당국이 북한으로 강제송환한 탈북민들의 5퍼센트 정도가 다시 탈북한다고 한다. 이상에서는 보는 바와 같이 다양한 형태의 인권침해가 발생하고 있는 것이 금일 탈북민들의 처절한 상황이라고 할 수 있다.

국제법상 재외 탈북민의 난민 해당성

지역적인 난민협약을 제외하면 일반국제법상 난민 개념에는 2계열이 있다. 첫째는 1951년 채택된 '난민의 지위에 관한 협약(Convention relating to the Status of Refugees, 이하 난민협약이라고 함)' 상의 난민 개념이고, 둘째는 1950년 12월 유엔총회 결의에 의해 채택된 '유엔난민고등판무관사무소규정(the Statute of the Office of the United Nations High Commissioner for Refugees: the UNHCR Statute)' 상의 난민 개념이다.

먼저 난민협약 제1조 A항 2호에서는 난민을 '인종, 종교, 국적 또는 특정 사회집단의 구성원 신분 또는 정치적 의견을 이유로 박해를 받을 우려가 있다는 충분한 근거가 있는 공포로 인하여 국적국(무국적자의 경우 상주지국) 밖에 있는 자로서, 그 국적국(무국적자의 경우 상주지국)의 보호를 받을 수 없거나 또는 그러한 공포로 인하여 그 국적국(무국적자의 경우 상주지국)의 보호를 받는 것을 원하지 아니하는 자'로 정의하고 있다. 이 조항에 따르면 난민은 첫째, 자신의 출신국(국적국 또는 상주지국) 밖에 있어야 하고, 둘째, 박해를 받을 우려가 있는 충분한 근거가 있는 공포(a well-founded fear of persecution)를 가지고 있어야 하며, 셋째, 그러한 공포는 ① 인종 ② 종교 ③ 국적 ④ 특정 사회집단의 구성원 신분(소속) ⑤ 정치적 의견의 5가지 사유에 근거한 것이어야 하며, 넷째, 박해의 공포로 인하여 그 출신국의 보호를 받는 것이 불가능하거나 이를 원치 않는 자를 가리킨다. 이 같은 난민협약상의 난민을 '협약난민(convention refugees)'이라고 일컫는다.

먹을 것과 입을 것을 위해 일시적으로 탈북한 사람들, 곧 경제적 필요에 의해 탈출한 자(이른바 경제적 난민/이주민)들은 일견할 때(prima facie, at a glance) ① 인종 ② 종교 ③ 국적 ④ 특정 사회집단의 구성원 신분(소속) ⑤ 정치적 의견의 사유로 인해 도피한 것은 아니다. 그래서 이들은 난민협약의 규율범위 밖에 있는 자들로 보이기도 하고, 실제로 난민으로 규정하는 데 어려움이 따르는 것도 사실이다. 더욱이 북한에서 범죄를 저지르고 처벌을 피하기 위해 도피한 도망자나 탈북민 체포를 위해 위장 탈출한 기관원들의 경우 이들이 국제법상의 난민으로 취급될 수 없음은 두말할 것도 없다.

문제는 북한에 돌아갈 의사가 없는 중국 내에서 장기 불법체류하고 있는 탈북민들이다. 이들은 단순한 경제적 난민으로 치부할 수는 없다.

첫째, 탈북민 중에서는 '특정 사회집단에의 구성원 신분(소속)(membership of a particular social group)'으로 인한 박해 가능성이 존재한다. 종래 북한 당국은 주민들을 소위 3계층 51개 성분으로 분류하여 왔다. 여기서 3계층은 핵심계층(핵심군중, 약 28%), 동요계층(기본군중, 약

45%), 적대계층(복잡군중 및 감시대상, 약 27%)을 말한다. 적대계층은 북한사회에서 항시 감시를 받고 있고, 교육, 직업선택 등의 면에서 여러 가지 제도적 및 사회적 차별을 받고 있다. 이른바 '월남자 가족'이나 친일파-지주-자본가의 가족, 반당-반혁명 종파분자 등은 그 대표적인 예이다. 이들은 원천적으로 북한사회에서 제대로 대접받지 못할 수 없는 계층이라고 할 수 있다. 그런 점에서 이러한 계층에 속한다는 이유로 박해받거나 박해받을 우려가 있는 합리적인 공포의 존재를 입증한다면 난민협약 상의 난민으로 간주될 수 있다.

둘째, 정치적 의견을 이유로 인한 박해 가능성도 있다. 이 경우는 몇 가지로 나누어 살펴볼 필요가 있다. (1) 북한에서 쿠데타나 민중봉기 기도, 김일성 가계를 비판하는 전단 살포 등 정치적 반대투쟁을 하다가 정치적 탄압을 받게 되어 탈출한 사람은 난민협약 상의 난민에 해당된다. 하지만 탈북민 중에서 이러한 부류에 속하는 자는 거의 없을 것으로 보인다. 현실적으로 북한 내에서 이 같은 반정부 투쟁을 전개하기가 여간 어려운 것이 아니다.

다음 (2) 북한의 지배이념이나 통치구조 등에 불만을 가지고 있었거나 북한체제에 염증을 느끼고 있었던 자가 기회를 틈타 탈북한 경우 그가 난민협약 상의 정치적 의견을 이유로 한 난민에 해당되는가가 법률적인 쟁점으로 제기될 수 있다. 이 경우 탈북민이 탈북 이전 북한 내에서 그러한 정치적 의견을 이유로 해서 박해받을 가능성, 특히 그에 대한 근거 있는 공포를 갖고 있었는가 하는 점이 관건이 될 것이다. 탈북민이 이 점을 충분히 입증할 수 있다면 난민협약 상의 난민으로 간주될 수 있다.

그러면 이상의 두 범주 외에 있는 탈북자들은 모두 다 난민이 아니라고 단정할 수 있을 것인가? 그렇게 속단하는 것은 타당하지 않다. 탈북민이 처한 특별한 사정과 국제난민법의 발전을 종합적으로 고려해 판단해야 하기 때문이다.

결론부터 말하면 정치적 의견을 이유로 한 박해가 사전에 존재하지 않았을지라도 북한체제의 특징, 즉 사회주의 국가로서의 본질적 특성상 탈북민의 대부분은 국제법상의 난민으로 간주될 수 있다고 할 것이다. 난민협약에 대한 서구 국가의 실행을 보면 사회주의권 국가로부터의 '국가탈출(Republikflucht)'이라는 개념이 확립되고 있다는 점이다. 오래 전부터 사회주의 국가들은 내국민의 해외여행을 엄격히 통제함은 물론, 지금도 허가 없는 출입국을 엄격히 규제하고 있다. 또한 사회주의 국가들 상호간에 있어서는 '허가 없는 출입국' 자체를 체제에 대한 도전행위, 즉 조국 반역죄로 간주하면서 엄중한 형벌로써 처벌하고 있다. 이 같은 사실 때문에 사회주의 국가의 경우 자유와 생존권 확보를 위한 국외탈출은 곧 생명을 건 모험일 수

밖에 없다.

이러한 점에 비추어 볼 때 북한에서 정치적 의견을 달리한다는 이유로 박해받을 가능성이 없었더라도 허가 없는 국외탈출을 시도하는 순간 그와 동시에 본국의 정부 내지 정치체제에 대한 저항적(즉 정치적 의견을 달리하는) 의사 내지 태도를 표시한 것에 해당되게 된다. 이것은 탈북민들의 송환 시 박해 가능성을 말해주는 것이다. 여기서 박해 가능성은 탈북 이전 북한에서의 박해 가능성은 아니고 사후적인 박해 가능성이라는 점에 유의할 필요가 있다. 본국 체류 시(탈출 이전)가 아니라 사후에 피난지에서 (본국 송환 시) 박해받을 가능성이 생긴 난민을 '현장난민(refugees sur place)'이라고 한다.

한편 본인이 실제로 가지고 있는 정치적 의견을 이유로 한 박해에 대한 공포가 입증됨으로써 난민으로 인정되는 통상적 사례와 달리 본국 정부로부터 그러한 정치적 의견이 있는 것으로, 실제와 상관없이 간주되어 박해의 위험에 놓일 수도 있다. 이러한 경우의 박해 사유를 소위 '전가된 정치적 의견(imputed political opinion)'이라고 부르는데, '실제의(actual)' 정치적 의견과 함께 박해 사유로 일반적으로 인정되고 있다. 이러한 경우에 있어서 결정적으로 중요한 것은 난민지위 신청인 본인의 실제 의견보다는 박해를 가하는 자가 관련한 자를 바라보는 관점이라고 이해되고 있다.

요컨대 탈북행위는 그 자체 북한 정권에 대한 도전행위 내지 정치적 의견을 달리하는 행위가 된다고 하겠다. 그러므로 탈북민들이 당초 경제적 궁핍이나 곤경을 피하기 위한 경제적 동기에서 탈출했더라도 탈출행위의 정치적 혹은 국가반역-반정부적 성격으로 인해 국제법상의 난민(특히 현장난민) 지위를 가질 수 있다는 해석론이 성립될 수 있다. 더욱이 전가된 정치적 의견이라는 개념에 따를 때 탈북민들이 난민으로 판정될 가능성은 일층 제고된다고 할 수 있다. 조정현 박사는 탈북민들이 정식 난민지위 판정절차를 밟게 된다면 그 중의 대다수는 북송 시 북한의 정치적 처벌 가능성을 고려할 때 '전가된 정치적 의견'에 기인한 박해에 대한 '합리적 가능성(reasonable possibility)'을 근거로 난민지위를 인정받을 수 있을 것이라고 주장한다.

다음으로 탈북민들이 UNHCR사무소규정 상의 난민 개념에 관해 살펴보고, 탈북민들이 이 같은 난민 개념에 해당되는가를 검토하기로 한다. UNHCR사무소 규정 제6조 A항 2호에서도 난민협약의 그것과 유사한 규정을 두고 있다. 중요한 차이점의 하나는 전자에서는 정치적 난민에 해당되는 사유로 '특정 사회집단의 구성원 신분'을 명기하지 않고 있다는 점이다. 하지만 지금까지 UNHCR사무소규정 상의 난민, 곧 규정난민(Statutory Refugees)은 협약난민의 개념이 고정적이고 화석화되어 있는 것과는 달리 동태적이고 발전적인 개념으로 간주되고 있다. 유엔총회 결의에 따라 부여된 인권 보호 내지 인도적 원조란 임무(mandate) 범위 내에 있다고 판단되면 UNHCR 은 해당 인물에 대하여 보호를 제공해 왔다. 그리하여 지금까지 UNHCR은 정치적 난민 외에도 '사실상의 난민(de facto refugees)' '비 난민(non-refugees)' '인도적 난민(humanitarian refugees)'까지도 보호대상으 로 삼고 있는 것이 현실이다. UNHCR의 실행에 따르면 통상 이 같 은 난민은 포괄적으로 '위임난민(mandate refugees)'이라고 불린다.

전술한 바와 같이 일부의 탈북민은 학리상 정치적 난민에 해당하 여, UNHCR사무소규정 상의 보호를 받을 수 있다. 하지만 십중팔 구 그 수는 매우 적을 것이다. 반면 대부분의 탈북민은 정치적 난민 은 아닐지라도 인도적 차원에서 긴급한 원조가 요구되는 위임난민 내지 사실상의 난민에 해당된다고 볼 수 있다. 그들은 끊임없이 생 명과 신변안전의 위협을 받고 있으며 더욱이 강제송환 및 비인간전 처우의 위험 하에 놓여 있기 때문이다.

이와 관련해 유엔인권이사회의 특별절차(Special Procedure)인 유엔 북한 인권특별보고관의 태도를 주목할 필요가 있다. 인권이사회에 의해 임명된 전−현직 유엔북한 인권특별보고관들은 탈북민들에 대 해 난민의 지위가 인정되어야 한다는 입장을 표명해 왔다. 비팃 문 타폰 전 유엔북한 인권특별보고관(2004.6~2010.6, 태국 출신)은 제1회아시아인권포럼(2006.2.6~7) 참가차 서울을 방문했을 때 "배가 고파서 북한을 떠났을지라도 강제송환될 경우 핍박받을 상황을 우려하게 되면 그러한 탈북민은 난민으로 보아야 한다."고 주장하였다. 그는 또 2006년 8월 태국에서 검거된 탈북민들에 대해 "난민으로 고려해야 하며, 국제법상에 준하는 난민보호를 받을 권리가 있다."면서 "동남아 국가들뿐만 아니라 국제사회가 탈북민 정착과정에 다 같이 고통분담을 해야 한다."고 강조한 바 있다. 마르주끼 다루스만 현 유엔 북한 인권특별보고관(2010.7~현재, 인도네시아 출신)은 2013년 2월 1일 유엔인권이사회에 제출한 보고서에서 다음과 같이 지적하였다.

"탈북민 중 일부는 박해를 피해 또 다른 일부는 경제적 이유로 북한을 떠나지만, 그 동기가 무엇이든 간에 이들에게 보호를 제공할 필요가 있다. 북한을 탈출하는 많은 사람들은 적대계층에 속하는데, 이들의 경우 1951년의 난민협약에서 명시하는 두 가지 사유, 즉 정치적 박해 가능성 혹은 특정 사회집단에의 구성원 신분에 의해 탈북했다고 주장할 수 있는 유력한 근거가 있다. 설령 탈북민이 본국 탈출 당시에 난민협약 상의 난민(refugees) 정의에 꼭 부합하지는 않을지라도 허가 없이 본국을 떠나는 행위가 북한에서 범죄를 구성하는 만큼 송환 시 박해받을 근거 있는 공포를 내세워 현장난민으로 인정될 수 있을 것이다."

국제법상 탈북민 보호 의무 위반과
중국 태도의 반인권성

난민협약상 강제송환금지의무 위반

난민협약 제33조는 "체약국은 난민을 어떠한 방법으로도 인종, 종교, 국적, 특정사회 집단의 구성원 신분 또는 정치적 의견을 이유로 그 생명이나 자유가 위협받을 우려가 있는 영역의 국경으로 추방하거나 송환하여서는 아니 된다."라고 규정하고 있다. 이 조항은 난민에 대한 강제송환금지원칙(principle of non-refoulement)을 명문화한 것이다. 강제송환금지원칙은 오늘날 국제관습법화되었다는 것이 통설이다. 이와 관련해 굿윈 길은 유엔총회가 어떤 국가의 반대도 없이 강제송환금지의 원칙이 국제관습법의 규칙이라고 지속적으로 확인해 온 점을 강조하고 있다. 다만, 일부에서는 난민협약 제42조 제1항에서 강제송환금지원칙을 명문화한 제33조에 대해 유보를 허용하지 않았다(유보제외 조항으로 명기)는 이유로 국제강행규범(international jus cogens)으로 확립되었다고까지 주장하기도 한다.

　강제송환금지 대상으로서의 '난민(refugees)'이라 함은 공식적인 절차를 밟아 정식의 난민으로 판정받은 자는 물론, 아직 난민지위

(refugee status)가 인정-부여되지는 않았지만 장차 난민판정을 받을 가능성을 배제할 수 없는 자, 즉 '비호를 구하는 자(asylum-seekers)'나 '난민이 되길 희망하는 자(would-be refugees)'까지를 포함하는 것이다.

널리 알려진 바와 같이 북한은 지금 탈북민들이 중국에서 체포돼 북송될 경우 북한은 탈북 목적, 탈북 기간, 북한 내 원거주지(조-중 접경지역까지의 거리) 등을 고려하여 차별적으로 처리하고 있다. 그러나 한국인(특히 선교사나 NGO 활동가)을 접촉한 경우 그러한 탈북민을 정치범수용소에 보내거나 중형에 처하고 있다. 앞에서 언급한 것처럼 탈북행위는 그 자체로 반정부 내지 반체제 성격을 갖는 반역행위로 간주되며, 따라서 강제송환될 경우 정치범수용소로 끌려가거나 노동교화형으로 처벌되는 등 박해를 받을 가능성이 높다. 그런 점에서 탈북민들은 국제법상의 난민이거나 적어도 '난민유사상황(refugee-like situation)'에 처해 있는 자임이 분명하다.

중국은 탈북민들이 북한에 강제송환될 경우 북한 당국으로부터 '생명이나 자유가 위협받을 우려가 매우 높은 자'들임을 충분히 인지하고 있다. 그럼에도 불구하고 난민 혹은 '유사난민'에 해당되는 탈북민들을 국가정책상 의도적으로 강제북송하고 있다. 이는 중국도 당사국인 난민협약 제33조에 정면 배치되는 것이다.

더욱이 중국이 주장하는 바대로 대부분의 탈북민들이 경제적 이유에서 일시적으로 월경한 자들로서 국제법상 난민으로 취급될 수 없다고 하더라도 소수의 진성난민이 있을 가능성이 있다면 이들을 위해서라도 국내법상 적절한 난민인정절차를 거치도록 해야 한다. 하지만 지금까지 중국은 탈북민에 대해 난민판정을 위한 법적 절차를 개시한 적이 단 한 번도 없다. 난민판정절차를 거치지 않는 것, 탈북민이 자신의 대리인을 선정, 보호를 주장할 권리를 부인하는 것, 나아가 일괄적으로 모든 탈북민들을 불법 월경자로 간주해 강제송환하는 것은 난민협약의 목적과 정신, 그리고 동 협약 제32조 제2항에 대한 중대한 의무 위반을 구성하며, 중국식 처리의 반인권성을 잘 말해주는 대목이라고 할 것이다. 이와 관련해 마르주끼 다루스만 현 유엔북한 인권특별보고관은 2011년 11월 25일 "북한의 주변국가들에 탈북민들을 보호하고 인간적으로 대우해 줄 것을 촉구하며 1951년 유엔 난민협약의 '탈북민 강제송환 금지의 원칙'을 반드시 지켜야 한다."고 강조한 바 있음은 주목을 요한다.

고문금지협약상 강제송환금지 의무 위반

1984년 '고문 및 그 밖의 잔혹한, 비인도적인 또는 굴욕적인 대우나 처벌의 방지에 관한 협약(Convention against Torture and Other Cruel,

Inhuman or Degrading Treatment or Punishment, 이하 고문방지협약이라고 함)'에서도 강제송환금지원칙을 명시하고 있다. 즉 고문방지협약 제3조에서는 "어떠한 당사국도 고문받을 위험이 있다고 믿을 만한 상당한 근거가 있는 다른 나라로 개인을 추방−송환 또는 인도하여서는 아니 된다."고 규정하고 있다.

탈북민들이 북한에 강제송환되면 조사과정이나 교화소 및 관리소(정치범수용소)에서 폭행 및 구타, 물고문, 여성 성폭행 등 다양한 형태의 고문이나 비인간적 대우를 받는 것으로 알려지고 있다. 따라서 중국이 탈북민들을 '고문이나 기타 학대행위를 받을 위험이 있다고 믿을 만한 상당한 근거가 있는' 북한으로 그 어떤 적절한 사전조치도 취하지 않고 무조건 일률적으로 강제송환한다면 이는 고문방지협약상의 강제송환금지의무를 명백히 또한 중대하게 위반하는 것이라고 하겠다.

그런데 전술한 조−중간의 '변경지역 관리의정서'에서는 주민의 불법월경 방지업무(제4조), '범죄자 처리문제 시 상호 협력'(제5조)을 규정함과 아울러 '범죄인, 불법월경인' 등의 인계 절차(제9조 제2항)를 규정하고 있다. 이를 근거로 중국은 양자조약상 탈북민의 북송 의무를 주장할 가능성도 있다. 하지만 이러한 조약상 의무는 그 구체적 내용이 일반국제법상 위반−저촉이 허용되지 않는 국제강행규범에 위반된다면 원천적으로 무효(void ab initio)가 된다. 그런데 고문금지 규범과 고문을 받을 위험이 있는 국가로의 강제송환금지원칙은 국제법상 대표적인 강행규범이라 할 수 있다. 이와 관련해 중국 정부도 1992년 10월, 1999년 5월, 2006년 2월 고문방지위원회(Committee against Torture)에 각각 제출한 정기보고서에서 중국 범죄인인도법 제8조를 원용하면서 고문방지협약 제3조의 강제송환금지원칙은 중국의 양자조약상 인도-송환 의무에 우선한다는 입장을 수차례 밝힌 바 있음은 주목을 요한다.

기타 국제인권조약상의 의무 위반

그 밖에도 중국은 탈북민의 대우와 관련해 1966년 2개의 국제인권규약, 곧 '시민적-정치적 권리에 관한 국제규약'(자유권 규약) 및 '경제적-사회적-문화적 권리에 관한 국제규약'(사회권 규약), 1966년 인종차별철폐협약, 1979년 여성차별철폐협약, 1989년 아동권리협약 등의 관계규정을 위반하고 있다. 예컨대 중국 체류 탈북민의 경우 끊임없는 신변의 안전(인신의 자유) 위협, 노동력/임금 착취, 인신매매, 불법감금-린치-학대 등 다양한 형태의 가혹행위, 보호소 수용과정이나 강제송환 후 고문 등 비인간적 처우, 탈북민 자녀(아동)의 무국적 상태 발생 등 다양한 형태의 인권침해가 발생하고 있는데도 중국 정부는 이에 눈감고 방치하고 있는 것이다. 여기서는 탈북민과 관련된 중국의 국제인권법 침해를 자세하게 고찰하지는 않고, 대표적인 국제법 위반사실만 간략하게 적시하기로 한다.

첫째, 인신매매 및 착취 방치는 '인신매매 금지 및 타인의 매춘행위에 의한 착취금지에 관한 협약' 제1조 내지 제3조, 제7조, 제16조-제17조 등을 위반하는 것이다. 탈북 여성아동 매매 및 매춘은 '아동매매, 아동매춘 및 아동포르노그라피에 관한 선택의정서' 제1조, 제8조 내지 제10조의 위반을 구성하며, 아동의 (성적) 학대는 '아동의 권리에 관한 협약' 제19조 제1항 및 제2항의 위반을 구성한다.

둘째, 무국적 아동 발생 방치는 자유권 규약 제24조 제3항에 명시된 아동의 국적취득권에 대한 부인에 해당됨은 물론, '아동의 권리에 관한 협약' 제7조 제1항 및 제2항 위반, '무국적자의 지위에 관한 협약' 제32조 및 무국적의 감소에 관한 협약 전문 및 제1조 제4항 등에 대한 위반을 구성한다.

셋째, 절차에 따르지 않은 무국적 아동의 대북 강제송환은 '무국적자의 지위에 관한 협약' 제31조 제2항의 위반을 구성한다.

넷째, 고문 등 비인간적 처우는 고문방지협약의 관련 규정을 위반하는 것이다.

다섯째, 탈북민의 자녀에 대한 교육기회의 불허용은 사회권 규약 제13조와 아동권리협약 제28조의 위반을 구성한다.

부록 2

지구촌 반(反)인권 철퇴, 김정은 겨누다

월간 『자유마당』, 통권 제65호 (2014년 12월호)

1장
유엔총회 제3위원회의
열번째 북한 인권결의 채택

2014년 11월 18일 제69차 유엔총회 제3위원회는 유럽연합(EU)과 일본이 초안을 작성하고 우리 정부를 포함, 역대 최다인 60개국이 공동제안한 북한 인권결의안을 찬성 111표, 반대 19표, 기권 55표로 통과시켰다. 이에 앞서 북한 인권 상황의 국제형사재판소(International Criminal Court: ICC) 회부 등 일부 문안을 삭제하자는 북한의 의사를 반영해 쿠바가 제출한 수정안은 이날 결의안 표결에 앞서 찬성 40표, 반대 77표, 기권 50표로 부결됐다. 그동안 북한이 맨해튼 유엔 본부 등지에서 각국을 상대로 대북 인권결의안 저지 외교를 파상적으로 펼쳤고, 또 미국인 억류자 석방과 유엔북한 인권특별보고관의 방북 제안 등 화해 제스처를 취하였지만, 결국 수포로 돌아가는 순간이었다.

유엔총회 제3위원회에서 북한 인권결의가 채택된 것은 이번이 10번째이다. 2005년 11월 처음으로 북한 인권결의가 채택된 이래 매년 총회 기간 중에 유사한 결의가 반복적으로 통과됐던 것이다. 하지만 금년의 경우는 이전의 결의들과 비교할 때 그 강도가 훨씬 크며 더 분명한 메시지를 담고 있다.

이번 유엔 결의안이 총회 제3위원회에서 채택된 데는 북한인권조사위원회의 '다루스만 보고서'가 결정적 역할을 한 것으로 분석된다. 2013년 3월 제22차 유엔인권이사회에서 채택된 결의에 따라 설치됐던 북한인권조사위원회는 1년 간의 조사활동을 거쳐 2014년 2월 북한 인권보고서(COI 보고서)를 발표한 바 있다. 이번 유엔총회 결의안은 이 달 12월 중순 총회 본회의에서 공식 채택되는 형식적인 절차만 남겨놓고 있다.

2장
유엔총회 북한 인권결의의
주요 내용

제69차 유엔총회 제3위원회에서 채택된 북한 인권 결의는 전문과 14개 항으로 구성되어 있다. 이 결의의 요지는 아래와 같다.

1. (북한 인권결의안 채택에 참여한 회원국들은) 장기적이고, 지금도 조직적이며 광범위한 형태로 진행되고 있는 북한의 인권침해를 규탄한다.

2. 회원국들은 다음과 같은 사항에 심각한 우려를 표명한다. ▲ 인권침해에 대한 보고가 지속되는 점 ▲ 북한이 유엔 북한 인권특별보고관의 지시에 대해 수용을 거부하는 점 ▲ 북한이 자국의 중대한 인권침해 상황을 인정하는 것이 부족한 점 ▲ 북한 정부가 인권침해에 책임

이 있는 사람들을 기소하지 않는 점 등.

3. 회원국들은 외국인을 포함한 사람들에 대한 (북한의) 조직적 납치, 본
국송환 거부, 실종에 대해 매우 심각한 우려를 표명한다.

4. 회원국들은 자연재해 복구의 한계 등으로 인해 급격하게 악화될 수 있
는 북한의 불안정한 인도주의적 상황에 매우 깊은 우려를 표시한다.

5. 유엔 북한 인권특별보고관이 지금까지 해온 활동과 북한의 접근 거부
에도 불구하고 권한을 수행하기 위해 해온 노력을 긍정적으로 평가한
다.

6. 북한인권조사위원회의 활동도 긍정적으로 평가하며, COI 보고서의
중요성을 인정한다. 다만, 북한 정부로부터 어떠한 협조를 받지 못한
데 대해서는 유감을 표명한다.

7. 북한에서 지난 수십 년간 최고위층이 구축해 온 정책에 따라 '반(反)
인도범죄(crime against humanity)'가 자행돼 왔다는 COI의 판단(사
실 확인, findings)을 인정한다.

8. 회원국들은 COI 보고서를 유엔안전보장이사회(이하 '안보리')에 제
출하기로 결정한다. 아울러 안보리가 COI가 내린 결론과 권고사항
을 검토하고 적절한 조치를 취해 줄 것을 요청한다. 여기에는 북한의
인권 상황을 ICC에 회부하고, '반인도범죄' 행위에 가장 책임이 있는
사람들을 대상으로 일련의 효과적인 표적 제재를 가하는 문제에 대한

검토가 포함된다.

9. 유엔인권최고대표사무소(OHCHR)가 북한의 인권 상황 감시와 기록 유지, 책임성 확보 등을 위해 취한 조치, 곧 현장기반조직(field-based structure) 한국 설치를 환영한다.

10. 회원국들은 북한이 인권과 기본적 자유 모두를 존중할 것을 촉구한다.

11. 회원국들은 북한 정부에 대해 유엔 북한인권조사위원회의 권고사항을 지체 없이 이행할 것을 촉구한다.

12. COI가 권고했던 모든 회원국, 유엔총회, 인권이사회, 인권최고대표사무소, 유엔 사무국, 시민사회단체 등에 대해 그 같은 권고사항을 이행하고 진전시킬 것을 요청한다.

13. 북한이 최근 (유엔 회원국들과) 인권 대화를 고려하겠다는 의지를 표명한 것을 환영한다.

14. 북한 인권 상황을 제70차 유엔총회에서도 계속 조사할 것을 결의한다.

3장
유엔총회 북한 인권결의의
주요 특징

우선 이번 총회 제3위원회의 북한 인권결의는 찬성 111개국, 반대 19개국이라는 압도적 표차로 채택됐다. 국제사회가 북한 인권 상황의 심각성 및 개선의 시급성을 깊이 인식하고 있음을 잘 말해주는 대목이라고 할 수 있다.

다음 이번 결의는 북한에서 조직적으로 벌어지는 고문-공개처형-강제구금 등에 대한 책임규명과 이를 위한 구체적인 액션 플랜을 담았다는 점에서 이전의 결의들과 구별된다. 과거 결의들이 북한 인권문제에 대한 주의환기 수준이었다면, 이번 결의는 규탄을 넘어 행동단계까지 나아간 것이다.

14개 항으로 구성된 총회 결의 중 핵심은 제7항과 제8항이다.

제7항은 북한에서 '지난 수십 년간' '최고위층(the highest level)'이 구축해 온 정책에 따라 반인도범죄가 자행돼 왔다고 밝히고 있다. 김정은의 실명이나 '최고지도자' 등의 표현 대신에 '최고위층'이 들어간 것이다. '최고위층'이란 용어는 김정은 국방위원회 제1위원장을 포함한 최고위급 지배계층을 겨냥한 것으로 풀이된다. 예컨대 조선노동당의 핵심 비서들, 최고인민회의 상임위원장, 인민군 총참모장과 총정치국장을 비롯한 군부 수뇌부, 내각 총리 등 정부의 핵심 요직, 국가안전보위부장과 인민보안부장들이 여기에 해당될 것이다. 이번 유엔총회 결의는 이런 인사들이 반(反)인권의 주범이라고 국제적 낙인을 찍은 것으로 볼 수 있다. 일종의 '정치적 사형선고'인 셈이다.

다음 북한 내의 조직적이고 광범위하며 심각한 인권침해가 최고위층의 정책에 따라 자행되는 반인도범죄에 해당함을 확인하고 있다. 이는 북한 인권조사위원회의 사실 확인 및 결론을 그대로 수용한 것으로, 인권침해가 정권 차원에서 조직적으로 자행되는 '국가범죄'임을 밝힌 것이라고 하겠다. 반인도범죄는 4대 '국제범죄(침략범죄, 반인도범죄, 집단살해죄, 전쟁범죄)'의 하나로서 공소시효가 없다. 즉 국제사회가 끝까지 추적해서 단죄할 수 있는 특징을 갖고 있다.

이어 제8항에는 '북한의 인권 상황'을 ICC에 회부하도록 안보리에 권고하는 내용이 들어 있다. 북한 인권문제와 관련해 유엔이

'ICC 회부 권고'를 결의한 것은 이번이 처음이다. ICC는 1998년 채택된 「국제형사재판소에 관한 로마규정」 제12조 제2항에 따라 범죄행위지국 또는 범인 소속국이 로마규정 당사국인 경우에 한해서 문제의 반인도적 '범죄'에 대하여 관할권을 행사할 수 있다. 북한 인권침해의 경우 범죄행위지국이 북한이고 또 범인 소속국도 북한이다. 그런데 북한은 아직까지 로마규정에 가입하지 않았기 때문에, ICC는 원칙적으로 (반인도범죄를 구성하는) 북한 인권침해에 대하여 관할권을 행사할 수 없다. 다만, 여기에는 예외가 있다. 유엔 안보리가 유엔 헌장 제7장에 따라 행동하면서 로마규정 제13조 (b)호에 의하여 어느 사태(a situation)를 ICC의 소추관(Prosecutor)에게 회부한 경우에는 북한이 당사국인지 아닌지 관계없이 ICC는 관할권을 행사할 수 있도록 되어 있다. 유엔총회 결의는 바로 이 같은 '예외의 경로'를 활용하도록 안보리에게 권고한 것이라고 하겠다.

또 제8항에서는 '반인도범죄' 행위에 책임이 있는 자에게 일련의 효과적인 표적 제재를 가하는 방안을 검토하도록 하고 있다. 이는 유엔 안보리가 핵실험 및 장거리 미사일 발사와 관련해서 이미 실시하고 있는 제재에 더하여, 인권침해 가해자에 대한 표적 제재를 단행할 것을 요구한 것이라고 볼 수 있다. 이 같은 제재는 중-장기적으로 북한 당국자들로 하여금 인권침해 억제의 효과를 발휘할 것으로 예상된다.

이 밖에 제9항은 현장기반조직의 한국 설치를 환영한다고 명시하고 있다. 이는 금년 3월 제25차 유엔인권이사회가 채택한 북한 인권 결의의 내용을 확인하며 긍정적으로 평가한 것이다. 현재 유엔인권 최고대표사무소와 한국 정부가 현장기반조직으로서 가칭 '북한인 권사무소' 설치문제를 협의 중인 것으로 알려지고 있다. 북한인권사무소 설치는 북한 인권개선을 위한 유엔의 최전선 상황실 겸 감시망을 한국에 두는 것을 의미한다. 이는 북한 정권에 상당한 압박이 됨과 아울러 북한 주민에게는 인권의 빛을 전달하는 희망의 등대가 될 것이다. 국내적으로도 북한 인권문제가 더 이상 이념 갈등의 소재가 될 수 없는, 보편적 가치의 사안임을 웅변으로 말해주는 것이어서 한국 내 북한 인권운동의 새로운 지평을 여는 계기가 될 것으로 전망된다.

4장
향후 북한 인권개선 노력과
국제적 대응 전망

유엔안보리가 총회의 권고대로 ICC 회부를 의결하려면 5개 상임이
사국의 찬성을 얻거나 최소한 반대국의 거부권 행사를 뛰어넘어야
한다. 하지만 현재로서는 중국 및 러시아의 거부권 행사 가능성이
높아 결의안이 안보리 공식 안건으로 채택되거나 북한 최고책임자
의 ICC 회부 및 처벌 가능성은 낮은 게 현실이다. 그렇더라도 국제
사회가 북한 인권유린의 심각성에 공감하고 구체적인 개선 조치까
지 언급했다는 점에서 이번 총회 결의의 의미는 매우 크다. 휴먼라
이트워치 등 국제인권단체들이 '역사적 결의안'으로 평가하는 것도
이런 연유다.

이번 유엔총회 결의는 COI 보고서의 권고사항과 함께 향후 국제

사회의 북한 인권개선 노력을 견인하는 방향타 역할을 할 것으로 보인다. 주요 관심국, 유엔인권최고대표사무소 등 국제인권기구, 인권단체 등이 북한 인권 증진을 위한 국제공조가 한층 더 강화될 것이 분명하다. 국제무대에서 북한 인권개선을 위한 주요국 외무장관 회담이 정례적으로 개최되거나 북한 인권대사협의체가 설치-가동될 가능성도 있다. 여기서 한국이 더 적극적인 역할을 담당하게 될 공산이 크다.

북한 인권사무소는 그 기구의 상징성이나 활동의 편의성, 탈북자들의 접근성 등을 고려할 때 당연히 관련 국내외 기관이 밀집한 서울 중심지에 설치되어야 한다는 의견이 지배적이다. 서울특별시는 이 사무소가 조속히 서울 중심지에 설치될 수 있도록 모든 노력을 기울여야 할 것이다.

2015년은 인권과 민주주의의 요람인 대헌장(Magna Carta, 1215년 6월 15일 영국의 존 왕이 날인·공포)이 제정된 지 800주년이 되는 역사적인 해이다. 이를 계기로 북한 인권개선 운동이 요원의 불길처럼 확산될 것으로 내다보인다.

부록 3

국제인권장전

1장
세계인권선언
(1948.12.10 국제연합 총회에서 채택)

인류 가족 모든 구성원의 고유한 존엄성과 평등하고 양도할 수 없는 권리를 인정하는 것이 세계의 자유, 정의, 평화의 기초가 됨을 인정하며,

인권에 대한 무시와 경멸은 인류의 양심을 짓밟는 야만적 행위를 결과하였으며, 인류가 언론의 자유, 신념의 자유, 공포와 궁핍으로부터의 자유를 향유하는 세계의 도래가 일반인의 지고한 열망으로 천명되었으며,

사람들이 폭정과 억압에 대항하는 마지막 수단으로서 반란에 호소하도록 강요받지 않으려면, 인권이 법에 의한 지배에 의하여 보호되어야 함이 필수적이며,

국가간의 친선관계의 발전을 촉진시키는 것이 긴요하며,

국제연합의 여러 국민들은 그 헌장에서 기본적 인권과, 인간의 존엄과 가치, 남녀의 동등한 권리에 대한 신념을 재확인하였으며, 더욱 폭넓은 자유 속에서 사회적 진보와 생활수준의 개선을 촉진할 것을 다짐하였으며,

회원국들은 국제연합과 협력하여 인권과 기본적 자유에 대한 보편적 존중과 준수의 증진을 달성할 것을 서약하였으며,

이들 권리와 자유에 대한 공통의 이해가 이러한 서약의 이행을 위하여 가장 중요하므로,

따라서 이제 국제연합 총회는 모든 개인과 사회의 각 기관은 세계인권선언을 항상 마음속에 간직한 채 교육과 학업을 통하여 이러한 권리와 자유에 대한 존중을 신장시키기 위하여 노력하고, 점진적인 국내적 및 국제적 조치를 통하여 회원국 국민 및 회원국 관할 하의 영토의 국민들 양자 모두에게 권리와 자유의 보편적이고 효과적인 인정과 준수를 보장하기 위하여 힘쓰도록 모든 국민들과 국가에 대한 공통의 기준으로서 본 세계인권선언을 선포한다.

제1조   모든 사람은 태어날 때부터 자유롭고, 존엄성과 권리에 있어서
         평등하다. 사람은 이성과 양심을 부여받았으며 서로에게 형제

의 정신으로 대하여야 한다.

제2조 모든 사람은 인종, 피부색, 성, 언어, 종교, 정치적 또는 그 밖의 견해, 민족적 또는 사회적 출신, 재산, 출생, 기타의 지위 등에 따른 어떠한 종류의 구별도 없이, 이 선언에 제시된 모든 권리와 자유를 누릴 자격이 있다.

나아가 개인이 속한 나라나 영역이 독립국이든 신탁통치지역이든, 비자치지역이든 또는 그 밖의 다른 주권상의 제한을 받고 있는 지역이든, 그 나라나 영역의 정치적, 사법적, 국제적 지위를 근거로 차별이 행하여져서는 아니된다.

제3조 모든 사람은 생명권과 신체의 자유와 안전을 누릴 권리가 있다.

제4조 어느 누구도 노예나 예속상태에 놓여지지 아니한다. 모든 형태의 노예제도 및 노예매매는 금지된다.

제5조 어느 누구도 고문이나, 잔혹하거나, 비인도적이거나, 모욕적인 취급 또는 형벌을 받지 아니한다.

제6조 모든 사람은 어디에서나 법 앞에 인간으로서 인정받을 권리를 가진다.

제7조 모든 사람은 법 앞에 평등하고, 어떠한 차별도 없이 법의 평등한 보호를 받을 권리를 가진다. 모든 사람은 이 선언을 위반하는 어떠한 차별에 대하여도, 또한 어떠한 차별의 선동에 대하

여도 평등한 보호를 받을 권리를 가진다.

제8조   모든 사람은 헌법 또는 법률이 부여하는 기본권을 침해하는 행위에 대하여 담당 국가법원에 의하여 효과적인 구제를 받을 권리를 가진다.

제9조   어느 누구도 자의적인 체포, 구금 또는 추방을 당하지 아니한다.

제10조   모든 사람은 자신의 권리와 의무, 그리고 자신에 대한 형사상의 혐의를 결정함에 있어서, 독립적이고 편견 없는 법정에서 공정하고도 공개적인 심문을 전적으로 평등하게 받을 권리를 가진다.

제11조   1. 형사범죄로 소추당한 모든 사람은 자신의 변호를 위하여 필요한 모든 장치를 갖춘 공개된 재판에서 법률에 따라 유죄로 입증될 때까지 무죄로 추정받을 권리를 가진다.

2. 어느 누구도 행위 시의 국내법 또는 국제법상으로 범죄를 구성하지 아니하는 작위 또는 부작위를 이유로 유죄로 되지 아니한다. 또한 범죄가 행하여진 때에 적용될 수 있는 형벌보다 무거운 형벌이 부과되지 아니한다.

제12조   어느 누구도 자신의 사생활, 가정, 주거 또는 통신에 대하여 자의적인 간섭을 받지 않으며, 자신의 명예와 신용에 대하여 공격을 받지 아니한다. 모든 사람은 그러한 간섭과 공격에 대하

여 법률의 보호를 받을 권리를 가진다.

제13조　1. 모든 사람은 각국의 영역 내에서 이전과 거주의 자유에 관한 권리를 가진다.

2. 모든 사람은 자국을 포함한 어떤 나라로부터도 출국할 권리가 있으며, 또한 자국으로 돌아올 권리를 가진다.

제14조　1. 모든 사람은 박해를 피하여 타국에서 피난처를 구하고 비호를 향유할 권리를 가진다.

2. 이 권리는 비정치적인 범죄 또는 국제연합의 목적과 원칙에 반하는 행위만으로 인하여 제기된 소추의 경우에는 활용될 수 없다.

제15조　1. 모든 사람은 국적을 가질 권리를 가진다.

2. 어느 누구도 자의적으로 자신의 국적을 박탈당하거나 그의 국적을 바꿀 권리를 부인당하지 아니한다.

제16조　1. 성년에 이른 남녀는 인종, 국적 또는 종교에 따른 어떠한 제한도 받지 않고 혼인하여 가정을 이룰 권리를 가진다. 이들은 혼인 기간 중 및 그 해소시 혼인에 관하여 동등한 권리를 가진다.

2. 결혼은 양 당사자의 자유롭고도 완전한 합의에 의하여만 성립된다.

3. 가정은 사회의 자연적이며 기초적인 구성 단위이며, 사회와 국가의 보호를 받을 권리를 가진다.

제17조 1. 모든 사람은 단독으로는 물론 타인과 공동으로 자신의 재산을 소유할 권리를 가진다.

2. 어느 누구도 자신의 재산을 자의적으로 박탈당하지 아니한다.

제18조 모든 사람은 사상, 양심 및 종교의 자유에 대한 권리를 가진다. 이러한 권리는 자신의 종교 또는 신념을 바꿀 자유와 선교, 행사, 예배, 의식에 있어서 단독으로 또는 다른 사람과 공동으로, 공적으로 또는 사적으로 자신의 종교나 신념을 표명하는 자유를 포함한다.

제19조 모든 사람은 의견과 표현의 자유에 관한 권리를 가진다. 이 권리는 간섭받지 않고 의견을 가질 자유와 모든 매체를 통하여 국경에 관계없이 정보와 사상을 추구하고, 접수하고, 전달하는 자유를 포함한다.

제20조 1. 모든 사람은 평화적 집회와 결사의 자유에 관한 권리를 가진다.

2. 어느 누구도 어떤 결사에 소속될 것을 강요받지 아니한다.

제21조 1. 모든 사람은 직접 또는 자유롭게 선출된 대표를 통하여 자국의 통치에 참여할 권리를 가진다.

2. 모든 사람은 자국의 공무에 취임할 동등한 권리를 가진다.

3. 국민의 의사는 정부의 권위의 기초가 된다. 이 의사는 보통 및 평등 선거권에 의거하며, 또한 비밀투표 또는 이와 동등한 자유로운 투표 절차에 따라 실시되는 정기적이고 진정한 선거를 통하여 표현된다.

제22조　모든 사람은 사회의 일원으로서 사회보장제도에 관한 권리를 가지며, 국가적 노력과 국제적 협력을 통하여 그리고 각국의 조직과 자원에 따라 자신의 존엄성과 인격의 자유로운 발전을 위하여 불가결한 경제적, 사회적 및 문화적 권리의 실현에 관한 권리를 가진다.

제23조　1. 모든 사람은 근로의 권리, 자유로운 직업 선택권, 공정하고 유리한 근로조건에 관한 권리 및 실업으로부터 보호받을 권리를 가진다.

2. 모든 사람은 어떠한 차별도 받지 않고 동등한 노동에 대하여 동등한 보수를 받을 권리를 가진다.

3. 모든 근로자는 자신과 가족에게 인간적 존엄에 합당한 생활을 보장하여 주며, 필요할 경우 다른 사회적 보호의 수단에 의하여 보완되는, 정당하고 유리한 보수를 받을 권리를 가진다.

4. 모든 사람은 자신의 이익을 보호하기 위하여 노동조합을 결

성하고, 가입할 권리를 가진다.

제24조　모든 사람은 근로시간의 합리적 제한과 정기적인 유급휴일을 포함한 휴식과 여가에 관한 권리를 가진다.

제25조　1. 모든 사람은 식량, 의복, 주택, 의료, 필수적인 사회역무를 포함하여 자신과 가족의 건강과 안녕에 적합한 생활수준을 누릴 권리를 가지며, 실업, 질병, 불구, 배우자와의 사별, 노령, 그 밖의 자신이 통제할 수 없는 상황에서의 다른 생계 결핍의 경우 사회보장을 누릴 권리를 가진다.

　　　　2. 모자는 특별한 보살핌과 도움을 받을 권리를 가진다. 모든 어린이는 부모의 혼인 여부에 관계없이 동등한 사회적 보호를 향유한다.

제26조　1. 모든 사람은 교육을 받을 권리를 가진다. 교육은 최소한 초등기초단계에서는 무상이어야 한다. 초등교육은 의무적이어야 한다. 기술교육과 직업교육은 일반적으로 이용할 수 있어야 하며, 고등교육도 능력에 따라 모든 사람에게 평등하게 개방되어야 한다.

　　　　2. 교육은 인격의 완전한 발전과 인권 및 기본적 자유에 대한 존중의 강화를 목표로 하여야 한다. 교육은 모든 국가들과 인종적 또는 종교적 집단 간에 있어서 이해, 관용 및 친선을

증진시키고 평화를 유지하기 위한 국제연합의 활동을 촉진시켜야 한다.

    3. 부모는 자녀에게 제공되는 교육의 종류를 선택함에 있어서 우선권을 가진다.

제27조 1. 모든 사람은 공동체의 문화생활에 자유롭게 참여하고, 예술을 감상하며, 과학의 진보와 그 혜택을 향유할 권리를 가진다.

    2. 모든 사람은 자신이 창조한 모든 과학적, 문학적, 예술적 창작물에서 생기는 정신적, 물질적 이익을 보호받을 권리를 가진다.

제28조 모든 사람은 이 선언에 제시된 권리와 자유가 완전히 실현될 수 있는 사회적 및 국제적 질서에 대한 권리를 가진다.

제29조 1. 모든 사람은 그 안에서만 자신의 인격을 자유롭고 완전하게 발전시킬 수 있는 공동체에 대하여 의무를 부담한다.

    2. 모든 사람은 자신의 권리와 자유를 행사함에 있어서, 타인의 권리와 자유에 대한 적절한 인정과 존중을 보장하고, 민주사회에서의 도덕심, 공공질서, 일반의 복지를 위하여 정당한 필요를 충족시키기 위한 목적에서만 법률에 규정된 제한을 받는다.

    3. 이러한 권리와 자유는 어떤 경우에도 국제연합의 목적과 원

칙에 반하여 행사될 수 없다.

제30조   이 선언의 그 어떠한 조항도 특정 국가, 집단 또는 개인이 이 선언에 규정된 어떠한 권리와 자유를 파괴할 목적의 활동에 종사하거나, 또는 그와 같은 행위를 행할 어떠한 권리도 가지는 것으로 해석되지 아니한다.

2장
경제적, 사회적 및
문화적 권리에 관한 국제규약
(국제인권 A규약, 사회권규약이라고도 함)
(채택일 1966. 12. 16, 발효일 1976. 1. 3)

이 규약의 당사국은,

국제연합 헌장에 선언된 원칙에 따라 인류사회의 모든 구성원의 고유의 존엄성 및 평등하고 양도할 수 없는 권리를 인정하는 것이 세계의 자유, 정의 및 평화의 기초가 됨을 고려하고,

이러한 권리는 인간의 고유한 존엄성으로부터 유래함을 인정하며,

세계인권선언에 따라 공포와 결핍으로부터의 자유를 향유하는 자유 인간의 이상은 모든 사람이 자신의 시민적, 정치적 권리뿐만 아니라 경제적, 사회적 및 문화적 권리를 향유할 수 있는 여건이 조성되는 경우에만 성취될 수 있음을 인정하며,

인권과 자유에 대한 보편적 존중과 준수를 촉진시킬 국제연합 헌장상의 국가의 의무를 고려하며,

타 개인과 자기가 속한 사회에 대한 의무를 지고 있는 개인은, 이 규약에서 인정된 권리의 증진과 준수를 위하여 노력하여야 할 책임이 있음을 인식하여,

다음 조문들에 합의한다.

제1부

제1조   1. 모든 인민은 자결권을 가진다. 이 권리에 기초하여 모든 인민은 그들의 정치적 지위를 자유로이 결정하고, 또한 그들의 경제적, 사회적 및 문화적 발전을 자유로이 추구한다.

2. 모든 인민은, 호혜의 원칙에 입각한 국제경제협력으로부터 발생하는 의무 및 국제법상의 의무에 위반하지 아니하는 한, 그들 자신의 목적을 위하여 그들의 천연의 부와 자원을 자유로이 처분할 수 있다. 어떠한 경우에도 인민은 그들의 생존수단을 박탈당하지 아니한다.

3. 비자치지역 및 신탁통치지역의 행정책임을 맡고 있는 국가들을 포함하여 이 규약의 당사국은 국제연합 헌장의 규정에 따라 자결권의 실현을 촉진하고 동 권리를 존중하여야 한다.

제2부

제2조   1. 이 규약의 각 당사국은 특히 입법조치의 채택을 포함한 모든
　　　　　 적절한 수단에 의하여 이 규약에서 인정된 권리의 완전한
　　　　　 실현을 점진적으로 달성하기 위하여, 개별적으로 또한 특히
　　　　　 경제적, 기술적인 국제지원과 국제협력을 통하여, 자국의
　　　　　 가용 자원이 허용하는 최대한도까지 조치를 취할 것을 약속
　　　　　 한다.

　　　　　2. 이 규약의 당사국은 이 규약에서 선언된 권리들이 인종, 피
　　　　　 부색, 성, 언어, 종교, 정치적 또는 기타의 의견, 민족적 또는
　　　　　 사회적 출신, 재산, 출생 또는 기타의 신분 등에 의한 어떠
　　　　　 한 종류의 차별도 없이 행사되도록 보장할 것을 약속한다.

　　　　　3. 개발도상국은, 인권과 국가 경제를 충분히 고려하여 이 규
　　　　　 약에서 인정된 경제적 권리를 어느 정도까지 자국의 국민이
　　　　　 아닌 자에게 보장할 것인가를 결정할 수 있다.

제3조   이 규약의 당사국은 이 규약에 규정된 모든 경제적, 사회적 및
　　　　　 문화적 권리를 향유함에 있어서 남녀에게 동등한 권리를 확보
　　　　　 할 것을 약속한다.

제4조   이 규약의 당사국은, 국가가 이 규약에 따라 부여하는 권리를
　　　　　 향유함에 있어서, 그러한 권리의 본질과 양립할 수 있는 한도

내에서, 또한 오직 민주사회에서의 공공복리 증진의 목적으로 반드시 법률에 의하여 정하여지는 제한에 의해서만, 그러한 권리를 제한할 수 있음을 인정한다.

제5조   1. 이 규약의 어떠한 규정도 국가, 집단 또는 개인이 이 규약에서 인정되는 권리 및 자유를 파괴하거나, 또는 이 규약에서 규정된 제한의 범위를 넘어 제한하는 것을 목적으로 하는 활동에 종사하거나 또는 그와 같은 것을 목적으로 하는 행위를 행할 권리를 가지는 것으로 해석되지 아니한다.

2. 이 규약의 어떠한 당사국에서 법률, 협정, 규칙 또는 관습에 의하여 인정되거나 또는 현존하고 있는 기본적 인권에 대하여는, 이 규약이 그러한 권리를 인정하지 아니하거나 또는 그 인정의 범위가 보다 협소하다는 것을 구실로 동 권리를 제한하거나 또는 훼손하는 것이 허용되지 아니한다.

제3부

제6조   1. 이 규약의 당사국은, 모든 사람이 자유로이 선택하거나 수락하는 노동에 의하여 생계를 영위할 권리를 포함하는 근로의 권리를 인정하며, 동 권리를 보호하기 위하여 적절한 조치를 취한다.

2. 이 규약의 당사국이 근로권의 완전한 실현을 달성하기 위하여 취하는 제반조치에는 개인에게 기본적인 정치적, 경제적 자유를 보장하는 조건하에서 착실한 경제적, 사회적, 문화적 발전과 생산적인 완전고용을 달성하기 위한 기술 및 직업의 지도, 훈련계획, 정책 및 기술이 포함되어야 한다.

제7조   이 규약의 당사국은 특히 다음 사항이 확보되는 공정하고 유리한 근로조건을 모든 사람이 향유할 권리를 가지는 것을 인정한다.

(a) 모든 근로자에게 최소한 다음의 것을 제공하는 보수

   (i) 공정한 임금과 어떠한 종류의 차별도 없는 동등한 가치의 노동에 대한 동등한 보수, 특히 여성에게 대하여는 동등한 노동에 대한 동등한 보수와 함께 남성이 향유하는 것보다 열등하지 아니한 근로조건의 보장

   (ii) 이 규약의 규정에 따른 근로자 자신과 그 가족의 품위 있는 생활

(b) 안전하고 건강한 근로조건

(c) 연공서열 및 능력 이외의 다른 고려에 의하지 아니하고, 모든 사람이 자기의 직장에서 적절한 상위직으로 승진할 수 있는 동등한 기회

(d) 휴식, 여가 및 근로시간의 합리적 제한, 공휴일에 대한 보수

와 정기적인 유급휴일

제8조   1. 이 규약의 당사국은 다음의 권리를 확보할 것을 약속한다.

(a) 모든 사람은 그의 경제적, 사회적 이익을 증진하고 보호
하기 위하여 관계단체의 규칙에만 따를 것을 조건으로
노동조합을 결성하고, 그가 선택한 노동조합에 가입하는
권리. 그러한 권리의 행사에 대하여는 법률로 정하여진
것 이외의 또한 국가안보 또는 공공질서를 위하여 또는
타인의 권리와 자유를 보호하기 위하여 민주사회에서 필
요한 것 이외의 어떠한 제한도 과할 수 없다.

(b) 노동조합이 전국적인 연합 또는 총연합을 설립하는 권리
및 총연합이 국제노동조합조직을 결성하거나 또는 가입
하는 권리

(c) 노동조합은 법률로 정하여진 것 이외의 또한 국가안보,
공공질서를 위하거나 또는 타인의 권리와 자유를 보호하
기 위하여 민주사회에서 필요한 제한 이외의 어떠한 제
한도 받지 아니하고 자유로이 활동할 권리

(d) 특정국가의 법률에 따라 행사될 것을 조건으로 파업을
할 수 있는 권리

2. 이 조는 군인, 경찰 구성원 또는 행정관리가 전기한 권리들

을 행사하는 것에 대하여 합법적인 제한을 부과하는 것을 방해하지 아니한다.

3. 이 조의 어떠한 규정도 결사의 자유 및 단결권의 보호에 관한 1948년의 국제노동기구협약의 당사국이 동 협약에 규정된 보장을 저해하려는 입법조치를 취하도록 하거나, 또는 이를 저해하려는 방법으로 법률을 적용할 것을 허용하지 아니한다.

제9조   이 규약의 당사국은 모든 사람이 사회보험을 포함한 사회보장에 대한 권리를 가지는 것을 인정한다.

제10조   이 규약의 당사국은 다음 사항을 인정한다.

1. 사회의 자연적이고 기초적인 단위인 가정에 대하여는, 특히 가정의 성립을 위하여 그리고 가정이 부양 어린이의 양육과 교육에 책임을 맡고 있는 동안에는 가능한 한 광범위한 보호와 지원이 부여된다. 혼인은 혼인 의사를 가진 양 당사자의 자유로운 동의하에 성립된다.

2. 임산부에게는 분만 전후의 적당한 기간 동안 특별한 보호가 부여된다. 동 기간 중의 근로 임산부에게는 유급휴가 또는 적당한 사회보장의 혜택이 있는 휴가가 부여된다.

3. 가문 또는 기타 조건에 의한 어떠한 차별도 없이, 모든 어린

이와 연소자를 위하여 특별한 보호와 원조의 조치가 취하여진다. 어린이와 연소자는 경제적, 사회적 착취로부터 보호된다. 어린이와 연소자를 도덕 또는 건강에 유해하거나 또는 생명에 위험하거나 또는 정상적 발육을 저해할 우려가 있는 노동에 고용하는 것은 법률에 의하여 처벌할 수 있다. 당사국은 또한 연령제한을 정하여 그 연령에 달하지 않은 어린이에 대한 유급노동에의 고용이 법률로 금지되고 처벌될 수 있도록 한다.

제11조   1. 이 규약의 당사국은 모든 사람이 적당한 식량, 의복 및 주택을 포함하여 자기자신과 가정을 위한 적당한 생활수준을 누릴 권리와 생활조건을 지속적으로 개선할 권리를 가지는 것을 인정한다. 당사국은 그러한 취지에서 자유로운 동의에 입각한 국제적 협력의 본질적인 중요성을 인정하고, 그 권리의 실현을 확보하기 위한 적당한 조치를 취한다.

2. 이 규약의 당사국은 기아로부터의 해방이라는 모든 사람의 기본적인 권리를 인정하고, 개별적으로 또는 국제협력을 통하여 아래 사항을 위하여 구체적 계획을 포함하는 필요한 조치를 취한다.

(a) 과학 – 기술 지식을 충분히 활용하고, 영양에 관한 원칙

에 대한 지식을 보급하고, 천연자원을 가장 효율적으로 개발하고 이용할 수 있도록 농지제도를 발전시키거나 개혁함으로써 식량의 생산, 보존 및 분배의 방법을 개선할 것.

    (b) 식량수입국 및 식량수출국 쌍방의 문제를 고려하여 필요에 따라 세계식량공급의 공평한 분배를 확보할 것.

제12조 1. 이 규약의 당사국은 모든 사람이 도달 가능한 최고 수준의 신체적-정신적 건강을 향유할 권리를 가지는 것을 인정한다.

    2. 이 규약당사국이 동 권리의 완전한 실현을 달성하기 위하여 취할 조치에는 다음 사항을 위하여 필요한 조치가 포함된다.

    (a) 사산율과 유아사망률의 감소 및 어린이의 건강한 발육

    (b) 환경 및 산업위생의 모든 부문의 개선

    (c) 전염병, 풍토병, 직업병 및 기타 질병의 예방, 치료 및 통제

    (d) 질병 발생시 모든 사람에게 의료와 간호를 확보할 여건의 조성

제13조 1. 이 규약의 당사국은 모든 사람이 교육에 대한 권리를 가지는 것을 인정한다. 당사국은 교육이 인격과 인격의 존엄성에 대한 의식이 완전히 발전되는 방향으로 나아가야 하며, 교육이 인권과 기본적 자유를 더욱 존중하여야 한다는 것에

동의한다. 당사국은 나아가서 교육에 의하여 모든 사람이
자유사회에 효율적으로 참여하며, 민족간에 있어서나 모든
인종적, 종족적 또는 종교적 집단간에 있어서 이해, 관용 및
친선을 증진시키고, 평화유지를 위한 국제연합의 활동을 증
진시킬 수 있도록 하는 것에 동의한다.

2. 이 규약의 당사국은 동 권리의 완전한 실현을 달성하기 위
하여 다음 사항을 인정한다.

(a) 초등교육은 모든 사람에게 무상 의무교육으로 실시된다.

(b) 기술 및 직업 중등교육을 포함하여 여러 가지 형태의 중
등교육은, 모든 적당한 수단에 의하여, 특히 무상교육의
점진적 도입에 의하여 모든 사람이 일반적으로 이용할
수 있도록 하고, 또한 모든 사람에게 개방된다.

(c) 고등교육은, 모든 적당한 수단에 의하여, 특히 무상교육
의 점진적 도입에 의하여, 능력에 기초하여 모든 사람에
게 동등하게 개방된다.

(d) 기본교육은 초등교육을 받지 못하였거나 또는 초등교
육의 전기간을 이수하지 못한 사람들을 위하여 가능한
한 장려되고 강화된다.

(e) 모든 단계에 있어서 학교제도의 발전이 적극적으로 추

구되고, 적당한 연구−장학제도가 수립되며, 교직원의
물질적 처우는 계속적으로 개선된다.

3. 이 규약의 당사국은 부모 또는 경우에 따라서 법정후견인이
그들 자녀를 위하여 공공기관에 의하여 설립된 학교 이외의
학교로서 국가가 정하거나 승인하는 최소한도의 교육수준
에 부합하는 학교를 선택하는 자유 및 그들의 신념에 따라
자녀의 종교적, 도덕적 교육을 확보할 수 있는 자유를 존중
할 것을 약속한다.

4. 이 조의 어떠한 부분도 항상 이 조 제1항에 규정된 원칙을
준수하고, 그 교육기관에서의 교육이 국가가 결정하는 최소
한의 기준에 일치한다는 요건하에서, 개인과 단체가 교육기
관을 설립, 운영할 수 있는 자유를 간섭하는 것으로 해석되
지 아니한다.

제14조 이 규약의 당사국이 되는 때 그 본토나 자국 관할 내에 있는 기
타 영토에서 무상으로 초등의무교육을 확보할 수 없는 각 당사
국은 계획상에 정해질 합리적인 연한 이내에 모든 사람에 대한
무상의무교육 원칙을 점진적으로 시행하기 위한 세부실천계획
을 2년 이내에 입안, 채택할 것을 약속한다.

제15조 1. 이 규약의 당사국은 모든 사람의 다음 권리를 인정한다.

(a) 문화생활에 참여할 권리

(b) 과학의 진보 및 응용으로부터 이익을 향유할 권리

(c) 자기가 저작한 모든 과학적, 문학적 또는 예술적 창작품
으로부터 생기는 정신적, 물질적 이익의 보호로부터 이
익을 받을 권리

2. 이 규약의 당사국이 그러한 권리의 완전한 실현을 달성하기
위하여 취하는 조치에는 과학과 문화의 보존, 발전 및 보급
에 필요한 제반조치가 포함된다.

3. 이 규약의 당사국은 과학적 연구와 창조적 활동에 필수 불
가결한 자유를 존중할 것을 약속한다.

4. 이 규약의 당사국은 국제적 접촉의 장려와 발전 및 과학과
문화 분야에서의 협력으로부터 이익이 초래됨을 인정한다.

제4부

제16조 1. 이 규약의 당사국은 규약에서 인정된 권리의 준수를 실현하
기 위하여 취한 조치와 성취된 진전사항에 관한 보고서를
이 부의 규정에 따라 제출할 것을 약속한다.

2. (a) 모든 보고서는 국제연합 사무총장에게 제출된다. 사무
총장은 이 규약의 규정에 따라, 경제사회이사회가 심의

할 수 있도록 보고서 사본을 동 이사회에 송부한다.

(b) 국제연합 사무총장은 이 규약의 당사국으로서 국제연합 전문기구의 회원국인 국가가 제출한 보고서 또는 보고서 내용의 일부가 전문기구의 창설 규정에 따라 동 전문기구의 책임에 속하는 문제와 관계가 있는 경우, 동 보고서 사본 또는 그 내용 중의 관련 부분의 사본을 동 전문기구에 송부한다.

제17조 1. 이 규약의 당사국은 경제사회이사회가 규약당사국 및 관련 전문기구와 협의한 후, 이 규약의 발효 후 1년 이내에 수립하는 계획에 따라, 자국의 보고서를 각 단계별로 제출한다.

2. 동 보고서는 이 규약상의 의무의 이행 정도에 영향을 미치는 요소 및 장애를 지적할 수 있다.

3. 이 규약의 당사국이 이미 국제연합 또는 전문기구에 관련 정보를 제출한 경우에는, 동일한 정보를 다시 작성하지 않고 동 정보에 대한 정확한 언급으로서 족하다.

제18조 경제사회이사회는 인권과 기본적 자유의 분야에서의 국제연합 헌장상의 책임에 따라, 전문기구가 동 기구의 활동영역에 속하는 이 규약 규정의 준수를 달성하기 위하여 성취된 진전사항을 이사회에 보고하는 것과 관련하여, 당해 전문기구와 협정

을 체결할 수 있다. 그러한 보고서에는 전문기구의 권한 있는 기관이 채택한 규정의 이행에 관한 결정 및 권고의 상세를 포함할 수 있다.

제19조　경제사회이사회는 제16조 및 제17조에 따라 각국이 제출하는 인권에 관한 보고서 및 제18조에 따라 전문기구가 제출하는 인권에 관한 보고서 중 국제연합 인권위원회의 검토, 일반적 권고, 또는 정보를 위하여 적당한 보고서를 인권위원회에 송부할 수 있다.

제20조　이 규약의 당사국과 관련 전문기구는 제19조에 의한 일반적 권고에 대한 의견 또는 국제연합인권위원회의 보고서 또는 보고서에서 언급된 어떠한 문서에서도 그와 같은 일반적 권고에 대하여 언급하고 있는 부분에 관한 의견을 경제사회이사회에 제출할 수 있다.

제21조　경제사회이사회는 일반적 성격의 권고를 포함하는 보고서와 이 규약에서 인정된 권리의 일반적 준수를 달성하기 위하여 취한 조치 및 성취된 진전사항에 관하여 이 규약의 당사국 및 전문기구로부터 입수한 정보의 개요를 수시로 총회에 제출할 수 있다.

제22조　경제사회이사회는 이 규약의 제4부에서 언급된 보고서에서 생

기는 문제로서, 국제연합의 타기관, 그 보조기관 및 기술원조의 제공에 관여하는 전문기구가 각기 그 권한 내에서 이 규약의 효과적, 점진적 실시에 기여할 수 있는 국제적 조치의 타당성을 결정하는 데 도움이 될 수 있는 문제에 대하여 그들의 주의를 환기시킬 수 있다.

제23조 이 규약의 당사국은 이 규약에서 인정된 권리의 실현을 위한 국제적 조치에는 협약의 체결, 권고의 채택, 기술원조의 제공 및 관계정부와 협력하여 조직된 협의와 연구를 목적으로 하는 지역별 회의 및 기술적 회의의 개최와 같은 방안이 포함된다는 것에 동의한다.

제24조 이 규약의 어떠한 규정도 이 규약에서 취급되는 문제에 관하여 국제연합의 여러 기관과 전문기구의 책임을 각각 명시하고 있는 국제연합 헌장 및 전문기구헌장의 규정을 침해하는 것으로 해석되지 아니한다.

제25조 이 규약의 어떠한 규정도 모든 사람이 그들의 천연적 부와 자원을 충분히, 자유로이 향유하고, 이용할 수 있는 고유의 권리를 침해하는 것으로 해석되지 아니한다.

제5부

제26조   1. 이 규약은 국제연합의 모든 회원국, 전문기구의 모든 회원국, 국제사법재판소 규정의 모든 당사국 또한 국제연합 총회가 이 규약에 가입하도록 초청한 기타 모든 국가들의 서명을 위하여 개방된다.

  2. 이 규약은 비준되어야 한다. 비준서는 국제연합 사무총장에게 기탁된다.

  3. 이 규약은 이 조 제1항에서 언급된 모든 국가들의 가입을 위하여 개방된다.

  4. 가입은 가입서를 국제연합 사무총장에게 기탁함으로써 이루어진다.

  5. 국제연합 사무총장은 이 규약에 서명 또는 가입한 모든 국가들에게 각 비준서 또는 가입서의 기탁을 통보한다.

제27조   1. 이 규약은 35번째의 비준서 또는 가입서가 국제연합 사무총장에게 기탁된 날로부터 3개월 후에 발효한다.

  2. 35번째 비준서 또는 가입서의 기탁 후에 이 규약을 비준하거나 또는 이 규약에 가입하는 국가에 대하여는, 이 규약은 그 국가의 비준서 또는 가입서가 기탁된 날로부터 3개월 후에 발효한다.

제28조   이 규약의 규정은 어떠한 제한이나 예외 없이 연방국가의 모든
        지역에 적용된다.

제29조   1. 이 규약의 당사국은 개정안을 제안하고 이를 국제연합 사무
          총장에게 제출할 수 있다. 사무총장은 개정안을 접수하는
          대로, 각 당사국에게 동 제안을 심의하고 표결에 회부하기
          위한 당사국회의 개최에 찬성하는지에 관한 의견을 사무총
          장에게 통보하여 줄 것을 요청하는 것과 함께, 개정안을 이
          규약의 각 당사국에게 송부한다. 당사국 중 최소 3분의 1이
          당사국회의 개최에 찬성하는 경우, 사무총장은 국제연합의
          주관하에 동 회의를 소집한다. 동 회의에 출석하고 표결한
          당사국의 과반수에 의하여 채택된 개정안은 그 승인을 위하
          여 국제연합 총회에 제출된다.

        2. 개정안은 국제연합 총회의 승인을 얻고, 각기 자국의 헌법
          절차에 따라 이 규약당사국의 3분의 2의 다수가 수락하는
          때 발효한다.

        3. 개정안은 발효시 이를 수락한 당사국을 구속하며, 여타 당
          사국은 계속하여 이 규약의 규정 및 이미 수락한 그 이전의
          모든 개정에 의하여 구속된다.

제30조   제26조 제5항에 의한 통보에 관계없이, 국제연합 사무총장은

동 조 제1항에서 언급된 모든 국가에 다음을 통보한다.

(a) 제26조에 의한 서명, 비준 및 가입

(b) 제27조에 의한 이 규약의 발효일자 및 제29조에 의한 모든 개정의 발효일자

제31조 1. 이 규약은 중국어, 영어, 불어, 러시아어 및 서반아어본이 동등히 정본이며, 국제연합 문서보존소에 기탁된다.

2. 국제연합 사무총장은 제26조에서 언급된 모든 국가들에게 이 규약의 인증등본을 송부한다.

이상의 증거로, 하기 서명자들은 각자의 정부에 의하여 정당히 권한을 위임받아 1966년 12월 19일 뉴욕에서 서명을 위하여 개방된 이 규약에 서명하였다.

3장
시민적 및 정치적 권리에 관한 국제규약
(국제인권 B규약, 자유권 규약이라고도 함)
(채택일 1966.12.16, 발효일 1976.3.23, 단, 제41조는 1979.3.28에 발효)

이 규약의 당사국은,

국제연합 헌장에 선언된 원칙에 따라 인류사회의 모든 구성원의 고유의 존엄성 및 평등하고 양도할 수 없는 권리를 인정하는 것이 세계의 자유, 정의 및 평화의 기초가 됨을 고려하고,

이러한 권리는 인간의 고유한 존엄성으로부터 유래함을 인정하며,

세계인권선언에 따라 시민적, 정치적 자유 및 공포와 결핍으로부터의 자유를 향유하는 자유인간의 이상은 모든 사람이 자신의 경제적, 사회적 및 문화적 권리뿐만 아니라 시민적 및 정치적 권리를 향유할 수 있는 여건이 조성되는 경우에만 성취될 수 있음을 인정하며,

인권과 자유에 대한 보편적 존중과 준수를 촉진시킬 국제연합 헌장상의 국가의 의무를 고려하며,

타 개인과 자기가 속한 사회에 대한 의무를 지고 있는 개인은, 이 규약에서 인정된 권리의 증진과 준수를 위하여 노력하여야 할 책임이 있음을 인식하여,

다음의 조문들에 합의한다.

제1부

제1조　1. 모든 사람은 자결권을 가진다. 이 권리에 기초하여 모든 사람은 그들의 정치적 지위를 자유로이 결정하고, 또한 그들의 경제적, 사회적 및 문화적 발전을 자유로이 추구한다.

　　　2. 모든 사람은, 호혜의 원칙에 입각한 국제적 경제협력으로부터 발생하는 의무 및 국제법상의 의무에 위반하지 아니하는 한, 그들 자신의 목적을 위하여 그들의 천연의 부와 자원을 자유로이 처분할 수 있다. 어떠한 경우에도 사람은 그들의 생존수단을 박탈당하지 아니한다.

　　　3. 비자치지역 및 신탁통치지역의 행정책임을 맡고 있는 국가들을 포함하여 이 규약의 당사국은 국제연합 헌장의 규정에 따라 자결권의 실현을 촉진하고 동 권리를 존중하여야 한다.

제2부

제2조 1. 이 규약의 각 당사국은 자국의 영토 내에 있으며, 그 관할권 하에 있는 모든 개인에 대하여 인종, 피부색, 성, 언어, 종교, 정치적 또는 기타의 의견, 민족적 또는 사회적 출신, 재산, 출생 또는 기타의 신분 등에 의한 어떠한 종류의 차별도 없이 이 규약에서 인정되는 권리들을 존중하고 확보할 것을 약속한다.

2. 이 규약의 각 당사국은 현행의 입법조치 또는 기타 조치에 의하여 아직 규정되어 있지 아니한 경우, 이 규약에서 인정 되는 권리들을 실현하기 위하여 필요한 입법조치 또는 기타 조치를 취하기 위하여 자국의 헌법상의 절차 및 이 규약의 규정에 따라 필요한 조치를 취할 것을 약속한다.

3. 이 규약의 각 당사국은 다음의 조치를 취할 것을 약속한다.

(a) 이 규약에서 인정되는 권리 또는 자유를 침해당한 사람 에 대하여, 그러한 침해가 공무집행 중인 자에 의하여 자행된 것이라 할지라도 효과적인 구제조치를 받도록 확보할 것.

(b) 그러한 구제조치를 청구하는 개인에 대하여, 권한 있는 사법, 행정 또는 입법 당국 또는 당해 국가의 법률제도

가 정하는 기타 권한 있는 당국에 의하여 그 권리가 결정될 것을 확보하고, 또한 사법적 구제조치의 가능성을 발전시킬 것.

(c) 그러한 구제조치가 허용되는 경우, 권한 있는 당국이 이를 집행할 것을 확보할 것.

제3조　이 규약의 당사국은 이 규약에서 규정된 모든 시민적 및 정치적 권리를 향유함에 있어서 남녀에게 동등한 권리를 확보할 것을 약속한다.

제4조　1. 국민의 생존을 위협하는 공공의 비상사태의 경우에 있어서 그러한 비상사태의 존재가 공식으로 선포되어 있을 때에는 이 규약의 당사국은 당해 사태의 긴급성에 의하여 엄격히 요구되는 한도 내에서 이 규약상의 의무를 위반하는 조치를 취할 수 있다. 다만, 그러한 조치는 당해국의 국제법상의 여타 의무에 저촉되어서는 아니되며, 또한 인종, 피부색, 성, 언어, 종교 또는 사회적 출신만을 이유로 하는 차별을 포함하여서는 아니된다.

2. 전항의 규정은 제6조, 제7조, 제8조(제1항 및 제2항), 제11조, 제15조, 제16조 및 제18조에 대한 위반을 허용하지 아니한다.

3. 의무를 위반하는 조치를 취할 권리를 행사하는 이 규약의 당사국은, 위반하는 규정 및 위반하게 된 이유를, 국제연합 사무총장을 통하여 이 규약의 타 당사국들에게 즉시 통지한다. 또한 당사국은 그러한 위반이 종료되는 날에 동일한 경로를 통하여 그 내용을 통지한다.

제5조 1. 이 규약의 어떠한 규정도 국가, 집단 또는 개인이 이 규약에서 인정되는 권리 및 자유를 파괴하거나, 또는 이 규약에서 규정된 제한의 범위를 넘어 제한하는 것을 목적으로 하는 활동에 종사하거나 또는 그와 같은 것을 목적으로 하는 행위를 행할 권리를 가지는 것으로 해석되지 아니한다.

2. 이 규약의 어떠한 당사국에서 법률, 협정, 규칙 또는 관습에 의하여 인정되거나 또는 현존하고 있는 기본적 인권에 대하여는, 이 규약이 그러한 권리를 인정하지 아니하거나 또는 그 인정의 범위가 보다 협소하다는 것을 구실로 동 권리를 제한하거나 또는 훼손하여서는 아니된다.

제3부

제6조 1. 모든 인간은 고유한 생명권을 가진다. 이 권리는 법률에 의하여 보호된다. 어느 누구도 자의적으로 자신의 생명을 박

탈당하지 아니한다.

2. 사형을 폐지하지 아니하고 있는 국가에 있어서 사형은 범죄 당시의 현행법에 따라서 또한 이 규약의 규정과 집단살해죄의 방지 및 처벌에 관한 협약에 저촉되지 아니하는 법률에 의하여 가장 중한 범죄에 대해서만 선고될 수 있다. 이 형벌은 권한 있는 법원이 내린 최종판결에 의하여서만 집행될 수 있다.

3. 생명의 박탈이 집단살해죄를 구성하는 경우에는 이 조의 어떠한 규정도 이 규약의 당사국이 집단살해죄의 방지 및 처벌에 관한 협약의 규정에 따라 지고 있는 의무를 어떠한 방법으로도 위반하는 것을 허용하는 것은 아니라고 이해한다.

4. 사형을 선고받은 사람은 누구나 사면 또는 감형을 청구할 권리를 가진다. 사형선고에 대한 일반사면, 특별사면 또는 감형은 모든 경우에 부여될 수 있다.

5. 사형선고는 18세 미만의 자가 범한 범죄에 대하여 과하여져서는 아니되며, 또한 임산부에 대하여 집행되어서는 아니된다.

6. 이 규약의 어떠한 규정도 이 규약의 당사국에 의하여 사형

의 폐지를 지연시키거나 또는 방해하기 위하여 원용되어서
는 아니된다.

제7조   어느 누구도 고문 또는 잔혹한, 비인도적인 또는 굴욕적인 취급
또는 형벌을 받지 아니한다. 특히 누구든지 자신의 자유로운
동의 없이 의학적 또는 과학적 실험을 받지 아니한다.

제8조   1. 어느 누구도 노예상태에 놓여지지 아니한다. 모든 형태의 노
예제도 및 노예매매는 금지된다.

2. 어느 누구도 예속상태에 놓여지지 아니한다.

3. (a) 어느 누구도 강제노동을 하도록 요구되지 아니한다.

(b) 제3항 "(a)"의 규정은 범죄에 대한 형벌로 중노동을 수반
한 구금형을 부과할 수 있는 국가에서, 권한 있는 법원
에 의하여 그러한 형의 선고에 따른 중노동을 시키는 것
을 금지하는 것으로 해석되지 아니한다.

(c) 이 항의 적용상 "강제노동"이라는 용어는 다음 사항을 포
함하지 아니한다.

(i) "(b)"에서 언급되지 아니한 작업 또는 역무로서 법원
의 합법적 명령에 의하여 억류되어 있는 자 또는 그
러한 억류로부터 조건부 석방 중에 있는 자에게 통
상적으로 요구되는 것

(ii) 군사적 성격의 역무 및 양심적 병역거부가 인정되고 있는 국가에 있어서는 양심적 병역거부자에게 법률에 의하여 요구되는 국민적 역무

(iii) 공동사회의 존립 또는 복지를 위협하는 긴급사태 또는 재난시에 요구되는 역무

(iv) 시민으로서 통상적인 의무를 구성하는 작업 또는 역무

제9조 1. 모든 사람은 신체의 자유와 안전에 대한 권리를 가진다. 누구든지 자의적으로 체포되거나 또는 억류되지 아니한다. 어느 누구도 법률로 정한 이유 및 절차에 따르지 아니하고는 그 자유를 박탈당하지 아니한다.

2. 체포된 사람은 누구든지 체포시에 체포이유를 통고받으며, 또한 그에 대한 피의 사실을 신속히 통고받는다.

3. 형사상의 죄의 혐의로 체포되거나 또는 억류된 사람은 법관 또는 법률에 의하여 사법권을 행사할 권한을 부여받은 기타 관헌에게 신속히 회부되어야 하며, 또한 그는 합리적인 기간 내에 재판을 받거나 또는 석방될 권리를 가진다. 재판에 회부되는 사람을 억류하는 것이 일반적인 원칙이 되어서는 아니되며, 석방은 재판 기타 사법적 절차의 모든 단계에서

출두 및 필요한 경우 판결의 집행을 위하여 출두할 것이라는 보증을 조건으로 이루어질 수 있다.

4. 체포 또는 억류에 의하여 자유를 박탈당한 사람은 누구든지, 법원이 그의 억류의 합법성을 지체없이 결정하고, 그의 억류가 합법적이 아닌 경우에는 그의 석방을 명령할 수 있도록 하기 위하여, 법원에 절차를 취할 권리를 가진다.

5. 불법적인 체포 또는 억류의 희생이 된 사람은 누구든지 보상을 받을 권리를 가진다.

제10조　1. 자유를 박탈당한 모든 사람은 인도적으로 또한 인간의 고유한 존엄성을 존중하여 취급된다.

2. (a) 피고인은 예외적인 사정이 있는 경우를 제외하고는 기결수와 격리되며, 또한 유죄의 판결을 받고 있지 아니한 자로서의 지위에 상응하는 별도의 취급을 받는다.

(b) 미성년 피고인은 성인과 격리되며 또한 가능한 한 신속히 재판에 회부된다.

3. 교도소 수감제도는 재소자들의 교정과 사회복귀를 기본적인 목적으로 하는 처우를 포함한다. 미성년 범죄자는 성인과 격리되며 또한 그들의 연령 및 법적 지위에 상응하는 대우가 부여된다.

제11조 어느 누구도 계약상 의무의 이행불능만을 이유로 구금되지 아니한다.

제12조 1. 합법적으로 어느 국가의 영역 내에 있는 모든 사람은, 그 영역 내에서 이동의 자유 및 거주의 자유에 관한 권리를 가진다.

2. 모든 사람은 자국을 포함하여 어떠한 나라로부터도 자유로이 퇴거할 수 있다.

3. 상기 권리는 법률에 의하여 규정되고, 국가안보, 공공질서, 공중보건 또는 도덕 또는 타인의 권리와 자유를 보호하기 위하여 필요하고, 또한 이 규약에서 인정되는 기타 권리와 양립되는 것을 제외하고는 어떠한 제한도 받지 아니한다.

4. 어느 누구도 자국에 돌아올 권리를 자의적으로 박탈당하지 아니한다.

제13조 합법적으로 이 규약의 당사국의 영역 내에 있는 외국인은, 법률에 따라 이루어진 결정에 의하여서만 그 영역으로부터 추방될 수 있으며, 또한 국가안보상 불가피하게 달리 요구되는 경우를 제외하고는 자기의 추방에 반대하는 이유를 제시할 수 있고 또한 권한 있는 당국 또는 동 당국에 의하여 특별히 지명된 자에 의하여 자기의 사안이 심사되는 것이 인정되며, 또한 이를 위하여 그 당국 또는 사람 앞에서 다른 사람이 그를 대리하

는 것이 인정된다.

제14조　1. 모든 사람은 재판에 있어서 평등하다. 모든 사람은 그에 대한 형사상의 죄의 결정 또는 민사상의 권리 및 의무의 다툼에 관한 결정을 위하여 법률에 의하여 설치된 권한 있는 독립적이고 공평한 법원에 의한 공정한 공개심리를 받을 권리를 가진다. 보도기관 및 공중에 대하여서는, 민주 사회에 있어서 도덕, 공공질서 또는 국가안보를 이유로 하거나 또는 당사자들의 사생활의 이익을 위하여 필요한 경우, 또는 공개가 사법상 이익을 해할 특별한 사정이 있는 경우 법원의 견해로 엄격히 필요하다고 판단되는 한도에서 재판의 전부 또는 일부를 공개하지 않을 수 있다. 다만, 형사소송 기타 소송에서 선고되는 판결은 미성년자의 이익을 위하여 필요한 경우 또는 당해 절차가 혼인관계의 분쟁이나 아동의 후견문제에 관한 경우를 제외하고는 공개된다.

2. 모든 형사피의자는 법률에 따라 유죄가 입증될 때까지 무죄로 추정받을 권리를 가진다.

3. 모든 사람은 그에 대한 형사상의 죄를 결정함에 있어서 적어도 다음과 같은 보장을 완전 평등하게 받을 권리를 가진다.

(a) 그에 대한 죄의 성질 및 이유에 관하여 그가 이해하는

언어로 신속하고 상세하게 통고받을 것

(b) 변호의 준비를 위하여 충분한 시간과 편의를 가질 것과
본인이 선임한 변호인과 연락을 취할 것

(c) 부당하게 지체됨이 없이 재판을 받을 것

(d) 본인의 출석하에 재판을 받으며, 또한 직접 또는 본인이
선임하는 자의 법적 조력을 통하여 변호할 것. 만약 법
적 조력을 받지 못하는 경우 변호인의 조력을 받을 권리
에 대하여 통지를 받을 것. 사법상의 이익을 위하여 필
요한 경우 및 충분한 지불수단을 가지고 있지 못하는 경
우 본인이 그 비용을 부담하지 아니하고 법적 조력이 그
에게 주어지도록 할 것

(e) 자기에게 불리한 증인을 신문하거나 또는 신문받도록 할
것과 자기에게 불리한 증인과 동일한 조건으로 자기를
위한 증인을 출석시키도록 하고 또한 신문받도록 할 것

(f) 법정에서 사용되는 언어를 이해하지 못하거나 또는 말
할 수 없는 경우에는 무료로 통역의 조력을 받을 것

(g) 자기에게 불리한 진술 또는 유죄의 자백을 강요당하지
아니할 것

4. 미성년자의 경우에는 그 절차가 그들의 연령을 고려하고 또

한 그들의 갱생을 촉진하고자 하는 요망을 고려한 것이어야 한다.

5. 유죄판결을 받은 모든 사람은 법률에 따라 그 판결 및 형벌에 대하여 상급 법원에서 재심을 받을 권리를 가진다.

6. 어떤 사람이 확정판결에 의하여 유죄판결을 받았으나, 그후 새로운 사실 또는 새로 발견된 사실에 의하여 오심이 있었음을 결정적으로 입증함으로써 그에 대한 유죄판결이 파기되었거나 또는 사면을 받았을 경우에는 유죄판결의 결과 형벌을 받은 자는 법률에 따라 보상을 받는다. 다만, 그 알지 못한 사실이 적시에 밝혀지지 않은 것이 전체적으로 또는 부분적으로 그에게 책임이 있었다는 것이 증명된 경우에는 그러하지 아니한다.

7. 어느 누구도 각국의 법률 및 형사절차에 따라 이미 확정적으로 유죄 또는 무죄선고를 받은 행위에 관하여서는 다시 재판 또는 처벌을 받지 아니한다.

제15조 1. 어느 누구도 행위시의 국내법 또는 국제법에 의하여 범죄를 구성하지 아니하는 작위 또는 부작위를 이유로 유죄로 되지 아니한다. 또한 어느 누구도 범죄가 행하여진 때에 적용될 수 있는 형벌보다도 중한 형벌을 받지 아니한다. 범죄인

은 범죄가 행하여진 후에 보다 가벼운 형을 부과하도록 하는 규정이 법률에 정해진 경우에는 그 혜택을 받는다.

2. 이 조의 어떠한 규정도 국제사회에 의하여 인정된 법의 일반 원칙에 따라 그 행위시에 범죄를 구성하는 작위 또는 부작위를 이유로 당해인을 재판하고 처벌하는 것을 방해하지 아니한다.

제16조 모든 사람은 어디에서나 법 앞에 인간으로서 인정받을 권리를 가진다.

제17조 1. 어느 누구도 그의 사생활, 가정, 주거 또는 통신에 대하여 자의적이거나 불법적인 간섭을 받거나 또는 그의 명예와 신용에 대한 불법적인 비난을 받지 아니한다.

2. 모든 사람은 그러한 간섭 또는 비난에 대하여 법의 보호를 받을 권리를 가진다.

제18조 1. 모든 사람은 사상, 양심 및 종교의 자유에 대한 권리를 가진다. 이러한 권리는 스스로 선택하는 종교나 신념을 가지거나 받아들일 자유와 단독으로 또는 다른 사람과 공동으로, 공적 또는 사적으로 예배, 의식, 행사 및 선교에 의하여 그의 종교나 신념을 표명하는 자유를 포함한다.

2. 어느 누구도 스스로 선택하는 종교나 신념을 가지거나 받아

들일 자유를 침해하게 될 강제를 받지 아니한다.

3. 자신의 종교나 신념을 표명하는 자유는, 법률에 규정되고 공공의 안전, 질서, 공중보건, 도덕 또는 타인의 기본적 권리 및 자유를 보호하기 위하여 필요한 경우에만 제한받을 수 있다.

4. 이 규약의 당사국은 부모 또는 경우에 따라 법정 후견인이 그들의 신념에 따라 자녀의 종교적, 도덕적 교육을 확보할 자유를 존중할 것을 약속한다.

제19조 1. 모든 사람은 간섭받지 아니하고 의견을 가질 권리를 가진다.

2. 모든 사람은 표현의 자유에 대한 권리를 가진다. 이 권리는 구두, 서면 또는 인쇄, 예술의 형태 또는 스스로 선택하는 기타의 방법을 통하여 국경에 관계없이 모든 종류의 정보와 사상을 추구하고 접수하며 전달하는 자유를 포함한다.

3. 이 조 제2항에 규정된 권리의 행사에는 특별한 의무와 책임이 따른다. 따라서 그러한 권리의 행사는 일정한 제한을 받을 수 있다. 다만, 그 제한은 법률에 의하여 규정되고 또한 다음 사항을 위하여 필요한 경우에만 한정된다.

(a) 타인의 권리 또는 신용의 존중

(b) 국가안보 또는 공공질서 또는 공중보건 또는 도덕의 보호

제20조   1. 전쟁을 위한 어떠한 선전도 법률에 의하여 금지된다.

2. 차별, 적의 또는 폭력의 선동이 될 민족적, 인종적 또는 종교적 증오의 고취는 법률에 의하여 금지된다.

제21조   평화적인 집회의 권리가 인정된다. 이 권리의 행사에 대하여는 법률에 따라 부과되고, 또한 국가안보 또는 공공의 안전, 공공질서, 공중보건 또는 도덕의 보호 또는 타인의 권리 및 자유의 보호를 위하여 민주사회에서 필요한 것 이외의 어떠한 제한도 과하여져서는 아니된다.

제22조   1. 모든 사람은 자기의 이익을 보호하기 위하여 노동조합을 결성하고 이에 가입하는 권리를 포함하여 다른 사람과의 결사의 자유에 대한 권리를 갖는다.

2. 이 권리의 행사에 대하여는 법률에 의하여 규정되고, 국가안보 또는 공공의 안전, 공공질서, 공중보건 또는 도덕의 보호 또는 타인의 권리 및 자유의 보호를 위하여 민주사회에서 필요한 것 이외의 어떠한 제한도 과하여져서는 아니된다. 이 조는 군대와 경찰의 구성원이 이 권리를 행사하는 데 대하여 합법적인 제한을 부과하는 것을 방해하지 아니한다.

3. 이 조의 어떠한 규정도 결사의 자유 및 단결권의 보호에 관한 1948년의 국제노동기구협약의 당사국이 동 협약에 규정

하는 보장을 저해하려는 입법조치를 취하도록 하거나 또는 이를 저해하려는 방법으로 법률을 적용할 것을 허용하는 것은 아니다.

제23조 1. 가정은 사회의 자연적이며 기초적인 단위이고, 사회와 국가의 보호를 받을 권리를 가진다.

2. 혼인적령의 남녀가 혼인을 하고, 가정을 구성할 권리가 인정된다.

3. 혼인은 양당사자의 자유롭고 완전한 합의 없이는 성립되지 아니한다.

4. 이 규약의 당사국은 혼인 기간 중 및 혼인 해소시에 혼인에 대한 배우자의 권리 및 책임의 평등을 확보하기 위하여 적절한 조치를 취한다. 혼인 해소의 경우에는 자녀에 대한 필요한 보호를 위한 조치를 취한다.

제24조 1. 모든 어린이는 인종, 피부색, 성, 언어, 종교, 민족적 또는 사회적 출신, 재산 또는 출생에 관하여 어떠한 차별도 받지 아니하고 자신의 가족, 사회 및 국가에 대하여 미성년자로서의 지위로 인하여 요구되는 보호조치를 받을 권리를 가진다.

2. 모든 어린이는 출생 후 즉시 등록되고, 성명을 가진다.

3. 모든 어린이는 국적을 취득할 권리를 가진다.

제25조　모든 시민은 제2조에 규정하는 어떠한 차별이나 또는 불합리한 제한도 받지 아니하고 다음의 권리 및 기회를 가진다.

(a) 직접 또는 자유로이 선출한 대표자를 통하여 정치에 참여하는 것

(b) 보통, 평등 선거권에 따라 비밀투표에 의하여 행하여지고, 선거인의 의사의 자유로운 표명을 보장하는 진정한 정기적 선거에서 투표하거나 피선되는 것

(c) 일반적인 평등 조건하에 자국의 공무에 취임하는 것

제26조　모든 사람은 법 앞에 평등하고 어떠한 차별도 없이 법의 평등한 보호를 받을 권리를 가진다. 이를 위하여 법률은 모든 차별을 금지하고, 인종, 피부색, 성, 언어, 종교, 정치적, 또는 기타의 의견, 민족적 또는 사회적 출신, 재산, 출생 또는 기타의 신분 등의 어떠한 이유에 의한 차별에 대하여도 평등하고 효과적인 보호를 모든 사람에게 보장한다.

제27조　종족적, 종교적 또는 언어적 소수민족이 존재하는 국가에 있어서는 그러한 소수민족에 속하는 사람들에게 그 집단의 다른 구성원들과 함께 그들 자신의 문화를 향유하고, 그들 자신의 종교를 표명하고 실행하거나 또는 그들 자신의 언어를 사용할 권리가 부인되지 아니한다.

제4부

제28조 1. 인권이사회(이하 이 규약에서 이사회라 한다)를 설치한다.
이사회는 18인의 위원으로 구성되며 이하에 규정된 임무를
행한다.

2. 이사회는 고매한 인격을 가지고 인권 분야에서 능력이 인정
된 이 규약의 당사국의 국민들로 구성하고, 법률적 경험을
가진 약간명의 인사의 참여가 유익할 것이라는 점을 고려한
다.

3. 이사회의 위원은 개인적 자격으로 선출되고, 직무를 수행한다.

제29조 1. 이사회의 위원은 제28조에 규정된 자격을 가지고 이 규약
의 당사국에 의하여 선거를 위하여 지명된 자의 명단 중에
서 비밀투표에 의하여 선출된다.

2. 이 규약의 각 당사국은 2인 이하의 자를 지명할 수 있다. 이
러한 자는 지명하는 국가의 국민이어야 한다.

3. 동일인이 재지명 받을 수 있다.

제30조 1. 최초의 선거는 이 규약의 발효일로부터 6개월 이내에 실시
된다.

2. 국제연합 사무총장은, 제34조에 따라 선언된 결원의 보충선
거를 제외하고는, 이사회의 구성을 위한 각 선거일의 최소 4

개월 전에, 이 규약당사국이 3개월 이내에 위원회의 위원후
보 지명을 제출하도록 하기 위하여 당사국에 서면 초청장을
발송한다.

3. 국제연합 사무총장은, 이와 같이 지명된 후보들을 지명국
이름의 명시와 함께 알파벳 순으로 명단을 작성하여 늦어도
선거일 1개월 전에 동 명단을 이 규약당사국에게 송부한다.

4. 이사회 위원의 선거는 국제연합 사무총장이 국제연합 본부
에서 소집한 이 규약당사국 회합에서 실시된다. 이 회합은
이 규약당사국의 3분의 2를 정족수로 하고, 출석하여 투표
하는 당사국 대표의 최대다수표 및 절대다수표를 획득하는
후보가 위원으로 선출된다.

제31조 1. 이사회는 동일국가의 국민을 2인 이상 포함할 수 없다.

2. 이사회의 선거에 있어서는 위원의 공평한 지리적 안배와 상
이한 문명 형태 및 주요한 법률체계가 대표되도록 고려한다.

제32조 1. 이사회의 위원은 4년 임기로 선출된다. 모든 위원은 재지명
된 경우에 재선될 수 있다. 다만, 최초의 선거에서 선출된
위원 중 9인의 임기는 2년 후에 종료된다. 이들 9인 위원의
명단은 최초 선거 후 즉시 제30조 제4항에 언급된 회합의
의장에 의하여 추첨으로 선정된다.

2. 임기 만료시의 선거는 이 규약 제4부의 전기 조문들의 규정 에 따라 실시된다.

제33조 1. 이사회의 어느 한 위원이 그의 임무를 수행할 수 없는 것이 일시적 성격의 결석이 아닌 다른 이유로 인한 것이라고 다 른 위원 전원이 생각할 경우, 이사회의 의장은 국제연합 사 무총장에게 이를 통보하며, 사무총장은 이때 동 위원의 궐 석을 선언한다.

2. 이사회의 위원이 사망 또는 사임한 경우, 의장은 국제연합 사 무총장에게 이를 즉시 통보하여야 하며, 사무총장은 사망일 또는 사임의 효력발생일로부터 그 좌석의 궐석을 선언한다.

제34조 1. 제33조에 의해 궐석이 선언되고, 교체될 궐석위원의 잔여임 기가 궐석 선언일로부터 6개월 이내에 종료되지 아니할 때 에는, 국제연합 사무총장은 이 규약의 각 당사국에게 이를 통보하며, 각 당사국은 궐석을 충원하기 위하여 제29조에 따라서 2개월 이내에 후보자의 지명서를 제출할 수 있다.

2. 국제연합 사무총장은 이와 같이 지명된 후보들의 명단을 알 파벳 순으로 작성, 이를 이 규약의 당사국에게 송부한다. 보 궐선거는 이 규약 제4부의 관계규정에 따라 실시된다.

3. 제33조에 따라 선언되는 궐석을 충원하기 위하여 선출되는

위원은 동조의 규정에 따라 궐석위원의 잔여임기 동안 재직
한다.

제35조 이사회의 위원들은 국제연합 총회가 이사회의 책임의 중요성
을 고려하여 결정하게 될 조건에 따라, 국제연합의 재원에서
동 총회의 승인을 얻어 보수를 받는다.

제36조 국제연합 사무총장은 이 규정상 이사회의 효과적인 기능수행
을 위하여 필요한 직원과 편의를 제공한다.

제37조 1. 국제연합 사무총장은 이사회의 최초 회의를 국제연합본부
에서 소집한다.

2. 최초 회의 이후에는, 이사회는 이사회의 절차규칙이 정하는
시기에 회합한다.

3. 이사회는 통상 국제연합본부나 제네바 소재 국제연합사무
소에서 회합을 가진다.

제38조 이사회의 각 위원은 취임에 앞서 이사회의 공개석상에서 자기
의 직무를 공평하고 양심적으로 수행할 것을 엄숙히 선언한다.

제39조 1. 이사회는 임기 2년의 임원을 선출한다. 임원은 재선될 수 있다.

2. 이사회는 자체의 절차규칙을 제정하며 이 규칙은 특히 다음
사항을 규정한다.

(a) 의사정족수는 위원 12인으로 한다.

(b) 이사회의 의결은 출석위원 과반수의 투표로 한다.

제40조　1. 이 규약의 당사국은 규약에서 인정된 권리를 실현하기 위하여 취한 조치와 그러한 권리를 향유함에 있어서 성취된 진전 사항에 관한 보고서를 다음과 같이 제출할 것을 약속한다.

(a) 관계당사국에 대하여는 이 규약의 발효 후 1년 이내

(b) 그 이후에는 이사회가 요청하는 때

2. 모든 보고서는 국제연합 사무총장에게 제출되며 사무총장은 이를 이사회가 심의할 수 있도록 이사회에 송부한다. 동 보고서에는 이 규약의 이행에 영향을 미치는 요소와 장애가 있을 경우, 이를 기재한다.

3. 국제연합 사무총장은 이사회와의 협의 후 해당 전문기구에 그 전문기구의 권한의 분야에 속하는 보고서 관련 부분의 사본을 송부한다.

4. 이사회는 이 규약의 당사국에 의하여 제출된 보고서를 검토한다. 이사회는 이사회 자체의 보고서와 이사회가 적당하다고 간주하는 일반적 의견을 당사국에게 송부한다. 이사회는 또한 이 규약의 당사국으로부터 접수한 보고서 사본과 함께 동 일반적 의견을 경제사회이사회에 제출할 수 있다.

5. 이 규약의 당사국은 본 조 제4항에 따라 표명된 의견에 대

한 견해를 이사회에 제출할 수 있다.

제41조 1. 이 규약의 당사국은 타 당사국이 이 규약상의 의무를 이행하지 아니하고 있다고 주장하는 일 당사국의 통보를 접수, 심리하는 이사회의 권한을 인정한다는 것을 이 조에 의하여 언제든지 선언할 수 있다. 이 조의 통보는 이 규약의 당사국 중 자국에 대한 이사회의 그러한 권한의 인정을 선언한 당사국에 의하여 제출될 경우에만 접수, 심리될 수 있다. 이사회는 그러한 선언을 행하지 아니한 당사국에 관한 통보는 접수하지 아니한다. 이 조에 따라 접수된 통보는 다음의 절차에 따라 처리된다.

(a) 이 규약의 당사국은 타 당사국이 이 규약의 규정을 이행하고 있지 아니하다고 생각할 경우에는, 서면통보에 의하여 이 문제에 관하여 그 당사국의 주의를 환기시킬 수 있다. 통보를 접수한 국가는 통보를 접수한 후 3개월 이내에 당해 문제를 해명하는 설명서 또는 기타 진술을 서면으로 통보한 국가에 송부한다. 그러한 해명서에는 가능하고 적절한 범위 내에서, 동 국가가 당해 문제와 관련하여 이미 취하였든가, 현재 취하고 있든가 또는 취할 국내절차와 구제수단에 관한 언급이 포함된다.

(b) 통보를 접수한 국가가 최초의 통보를 접수한 후 6개월 이내에 당해 문제가 관련당사국 쌍방에게 만족스럽게 조정되지 아니할 경우에는, 양당사국 중 일방에 의한 이사회와 타 당사국에 대한 통고로 당해 문제를 이사회에 회부할 권리를 가진다.

(c) 이사회는, 이사회에 회부된 문제의 처리에 있어서, 일반적으로 승인된 국제법의 원칙에 따라 모든 가능한 국내적 구제절차가 원용되고 완료되었음을 확인한 다음에만 그 문제를 처리한다. 다만, 구제수단의 적용이 부당하게 지연되고 있을 경우에는 그러하지 아니한다.

(d) 이사회가 이 조에 의한 통보를 심사할 경우에는 비공개 토의를 가진다.

(e) "(c)"의 규정에 따를 것을 조건으로, 이사회는 이 규약에서 인정된 인권과 기본적 자유에 대한 존중의 기초 위에서 문제를 우호적으로 해결하기 위하여 관계당사국에게 주선을 제공한다.

(f) 이사회는 회부받은 어떠한 문제에 관하여도 "(b)"에 언급된 관계당사국들에게 모든 관련정보를 제출할 것을 요청할 수 있다.

(g) "(b)"에서 언급된 관계당사국은 당해 문제가 이사회에서 심의되고 있는 동안 자국의 대표를 참석시키고 구두 또는 서면으로 의견을 제출할 권리를 가진다.

(h) 이사회는 "(b)"에 의한 통보의 접수일로부터 12개월 이내에 보고서를 제출한다.

(i) "(e)"의 규정에 따라 해결에 도달한 경우에는 이사회는 보고서를 사실과 도달된 해결에 관한 간략한 설명에만 국한시킨다.

(j) "(e)"의 규정에 따라 해결에 도달하지 못한 경우에는 이사회는 보고서를 사실에 관한 간략한 설명에만 국한시키고 관계당사국이 제출한 서면 의견과 구두 의견의 기록을 동 보고서에 첨부시킨다. 모든 경우에 보고서는 관계당사국에 통보된다.

2. 이 조의 제규정은 이 규약의 10개 당사국이 이 조 제1항에 따른 선언을 하였을 때 발효된다. 당사국은 동 선언문을 국제연합 사무총장에게 기탁하며, 사무총장은 선언문의 사본을 타 당사국에 송부한다. 이와 같은 선언은 사무총장에 대한 통고에 의하여 언제든지 철회될 수 있다. 이 철회는 이 조에 의하여 이미 송부된 통보에 따른 어떠한 문제의 심의도 방해하지 아니한

다. 어떠한 당사국에 의한 추후의 통보는 사무총장이 선언 철회의 통고를 접수한 후에는 관계당사국이 새로운 선언을 하지 아니하는 한 접수되지 아니한다.

제42조 1. (a) 제41조에 따라 이사회에 회부된 문제가 관계당사국들에 만족스럽게 타결되지 못하는 경우에는 이사회는 관계당사국의 사전 동의를 얻어 특별조정위원회(이하 조정위원회라 한다)를 임명할 수 있다. 조정위원회는 이 규약의 존중에 기초하여 당해 문제를 우호적으로 해결하기 위하여 관계당사국에게 주선을 제공한다.

(b) 조정위원회는 관계당사국에게 모두 수락될 수 있는 5인의 위원으로 구성된다. 관계당사국이 3개월 이내에 조정위원회의 전부 또는 일부의 구성에 관하여 합의에 이르지 못하는 경우에는, 합의를 보지 못하는 조정위원회의 위원은 비밀투표에 의하여 인권이사회 위원 중에서 인권이사회 위원 3분의 2의 다수결 투표로 선출된다.

2. 조정위원회의 위원은 개인자격으로 직무를 수행한다. 동 위원은 관계당사국, 이 규약의 비당사국 또는 제41조에 의한 선언을 행하지 아니한 당사국의 국민이어서는 아니된다.

3. 조정위원회는 자체의 의장을 선출하고 또한 자체의 절차규

칙을 채택한다.

4. 조정위원회의 회의는 통상 국제연합본부 또는 제네바 소재 국제연합사무소에서 개최된다. 그러나, 동 회의는 조정위원회가 국제연합 사무총장 및 관계당사국과 협의하여 결정하는 기타 편리한 장소에서도 개최될 수 있다.

5. 제36조에 따라 설치된 사무국은 이 조에서 임명된 조정위원회에 대하여도 역무를 제공한다.

6. 이사회가 접수하여 정리한 정보는 조정위원회가 이용할 수 있으며, 조정위원회는 관계당사국에게 기타 관련자료의 제출을 요구할 수 있다.

7. 조정위원회는 문제를 충분히 검토한 후, 또는 당해 문제를 접수한 후, 어떠한 경우에도 12개월 이내에, 관계당사국에 통보하기 위하여 인권이사회의 위원장에게 보고서를 제출한다.

   (a) 조정위원회가 12개월 이내에 당해 문제에 대한 심의를 종료할 수 없을 경우, 조정위원회는 보고서를 당해 문제의 심의현황에 관한 간략한 설명에 국한시킨다.

   (b) 조정위원회가 이 규약에서 인정된 인권의 존중에 기초하여 당해 문제에 대한 우호적인 해결에 도달한 경우, 조정

위원회는 보고서를 사실과 도달한 해결에 관한 간략한 설명에 국한시킨다.

(c) 조정위원회가 "(b)"의 규정에 의한 해결에 도달하지 못한 경우, 조정위원회의 보고서는 관계당국간의 쟁점에 관계되는 모든 사실문제에 대한 자체의 조사결과 및 문제의 우호적인 해결 가능성에 관한 견해를 기술한다. 동 보고서는 또한 관계당사국이 제출한 서면 의견 및 구두 의견의 기록을 포함한다.

(d) "(c)"에 의하여 조정위원회의 보고서가 제출되는 경우, 관계당사국은 동 보고서의 접수로부터 3개월 이내에 인권이사회의 위원장에게 조정위원회의 보고서 내용의 수락 여부를 통고한다.

8. 이 조의 규정은 제41조에 의한 이사회의 책임을 침해하지 아니한다.

9. 관계당사국은 국제연합 사무총장이 제출하는 견적에 따라 조정위원회의 모든 경비를 균등히 분담한다.

10. 국제연합 사무총장은 필요한 경우, 이 조 제9항에 의하여 관계당사국이 분담금을 납입하기 전에 조정위원회의 위원의 경비를 지급할 수 있는 권한을 가진다.

제43조 이사회의 위원과 제42조에 의하여 임명되는 특별조정위원회의 위원은 국제연합의 특권 및 면제에 관한 협약의 관계 조항에 규정된 바에 따라 국제연합을 위한 직무를 행하는 전문가로서의 편의, 특권 및 면제를 향유한다.

제44조 이 규약의 이행에 관한 규정은 국제연합과 그 전문기구의 설립헌장 및 협약에 의하여 또는 헌장 및 협약하에서의 인권 분야에 규정된 절차의 적용을 방해하지 아니하고, 이 규약당사국이 당사국간에 발효 중인 일반적인 또는 특별한 국제협정에 따라 분쟁의 해결을 위하여 다른 절차를 이용하는 것을 방해하지 아니한다.

제45조 이사회는 그 활동에 관한 연례보고서를 경제사회이사회를 통하여 국제연합 총회에 제출한다.

제5부

제46조 이 규약의 어떠한 규정도 이 규약에서 취급되는 문제에 관하여 국제연합의 여러 기관과 전문기구의 책임을 각각 명시하고 있는 국제연합 헌장 및 전문기구 헌장의 규정을 침해하는 것으로 해석되지 아니한다.

제47조 이 규약의 어떠한 규정도 모든 사람이 그들의 천연적 부와 자

원을 충분히 자유로이 향유하고, 이용할 수 있는 고유의 권리를 침해하는 것으로 해석되지 아니한다.

제6부

제48조   1. 이 규약은 국제연합의 모든 회원국, 전문기구의 모든 회원국, 국제사법재판소 규정의 모든 당사국 또한 국제연합 총회가 이 규약에 가입하도록 초청한 기타 모든 국가들의 서명을 위하여 개방된다.

2. 이 규약은 비준되어야 한다. 비준서는 국제연합 사무총장에게 기탁된다.

3. 이 규약은 이 조 제1항에서 언급된 모든 국가들의 가입을 위하여 개방된다.

4. 가입은 가입서를 국제연합 사무총장에게 기탁함으로써 이루어진다.

5. 국제연합 사무총장은 이 규약에 서명 또는 가입한 모든 국가들에게 각 비준서 또는 가입서의 기탁을 통보한다.

제49조   1. 이 규약은 35번째의 비준서 또는 가입서가 국제연합 사무총장에게 기탁되는 날로부터 3개월 후에 발효한다.

2. 35번째의 비준서 또는 가입서의 기탁 후에 이 규약을 비준

하거나 또는 이 조약에 가입하는 국가에 대하여는, 이 규약
은 그 국가의 비준서 또는 가입서가 기탁된 날로부터 3개월
후에 발효한다.

제50조 이 규약의 규정은 어떠한 제한이나 예외 없이 연방국가의 모든
지역에 적용된다.

제51조 1. 이 규약의 당사국은 개정안을 제안하고 이를 국제연합 사무
총장에게 제출할 수 있다. 사무총장은 개정안을 접수하는
대로, 각 당사국에게 동 제안을 심의하고 표결에 회부하기
위한 당사국회의 개최에 찬성하는지에 관한 의견을 사무총
장에게 통보하여 줄 것을 요청하는 것과 함께, 개정안을 이
규약의 각 당사국에게 송부한다. 당사국 중 최소 3분의 1이
당사국회의 개최에 찬성하는 경우, 사무총장은 국제연합의
주관하에 동 회의를 소집한다.

동 회의에 출석하고 표결한 당사국의 과반수에 의하여 채택
된 개정안은 그 승인을 위하여 국제연합 총회에 제출된다.

2. 개정안은 국제연합 총회의 승인을 얻고, 각기 자국의 헌법
상 절차에 따라 이 규약당사국의 3분의 2의 다수가 수락하
는 때 발효한다.

3. 개정안은 발효시 이를 수락한 당사국을 구속하고, 여타 당

사국은 계속하여 이 규약의 규정 및 이미 수락한 그 이전의
모든 개정에 의하여 구속된다.

제52조　제48조 제5항에 의한 통보에 관계없이, 국제연합 사무총장은
동조 제1항에서 언급된 모든 국가에 다음을 통보한다.

(a) 제48조에 의한 서명, 비준 및 가입

(b) 제49조에 의한 이 규약의 발효일자 및 제51조에 의한
모든 개정의 발효일자

제53조　1. 이 규약은 중국어, 영어, 불어, 러시아어 및 서반아어본이 동
등히 정본이며 국제연합 문서보존소에 기탁된다.

2. 국제연합 사무총장은 제48조에서 언급된 모든 국가들에게
이 규약의 인증등본을 송부한다.

이상의 증거로, 하기 서명자들은 각자의 정부에 의하여 정당히 권
한을 위임받아 1966년 12월 19일 뉴욕에서 서명을 위하여 개방된
이 규약에 서명하였다.

〈대한민국 정체성 총서〉 기획위원

자유북한방송 대표	김성민
한국자유연합 대표	김성욱
군사편찬위원회 책임연구원	남정옥
전 월간조선 기자	이동욱
변호사	이인철
북한인권법 통과를 위한 모임	인지연
대한민국 정체성 총서 기획팀장	홍훈표

북한 인권의 이해

펴낸날	초판 1쇄	2015년 5월 30일

지은이	제성호
펴낸이	김광숙
펴낸곳	백년동안
출판등록	2014년 3월 25일 제406 − 2014 − 000031호

주소	경기도 파주시 광인사길 30
전화	031 − 941 − 8988
팩스	070 − 8884 − 8988
이메일	on100years@gmail.com

ISBN	979 − 11 − 86061 − 22 − 0 04300

※ 값은 뒤표지에 있습니다.
※ 잘못 만들어진 책은 구입하신 서점에서 바꾸어 드립니다.

이 도서의 국립중앙도서관 출판시도서목록(CIP)은 서지정보유통지원시스템 홈페이지
(http://seoji.nl.go.kr)와 국가자료공동목록시스템(http://www.nl.go.kr/kolisnet)에서
이용하실 수 있습니다.(CIP제어번호: CIP2015013347)

책임편집	홍훈표